U0478721

顾　问：郑健成

主　编：李惠玲

副主编：陈晓霞　赖　薇　林　琼

编写人员（按姓氏笔画排序）：

　　　　马嘉曦　毛一冉　古咏梅　宁杨静　朱丽芬　陈　莹

　　　　吴端萍　何圣予　苏　静　陈　霞　陈贝莉　何维光

　　　　李燕飞　吴梅芳　宋菲燕　林　琼　郑景云　林　娟

　　　　郑淑杰　祖桂枝　徐秀美　黄　铮　彭如玲　游万玲

幼儿园
区角操作活动
150例

福建儿童发展职业学院附属幼儿园 编

海峡出版发行集团 | 福建教育出版社

序

操作学习是幼儿最主要的学习方式

华南师范大学教科院教授、博导　袁爱玲

　　幼儿的学习方式是多种多样的，如游戏学习、探索学习、模仿学习、操作学习、交往学习、阅读学习等。当然从不同维度分类还有许多不同性质的学习，诸如接受性学习与发现学习；机械学习与意义学习；模仿学习与创新学习；体验式学习与学术学习；情景学习与抽象学习；合作学习与独立学习；自主学习与他主学习等。然而，无论何种学习，操作都是婴幼儿获取知识经验必不可少的。杜威的做中学，皮亚杰的认知建构理论都清楚地阐明了操作对婴幼儿发展的重要性。

　　过去，我国从幼儿园到研究生院的学生都是以接受性学习为主，老师讲学生听，老师操作学生观看。其弊端已尽人皆知——培养出的人大多数是高分低能、眼高手低、只会说不会做……为扭转此种局面，从上世纪90年代中期开始，幼儿园逐渐出现了活动区教学模式。如今，此种教学模式已被全国各地的各种类型或级别的幼儿园所接受。经过十几年的实践探索，活动区教学日趋完善，使得课堂教学与活动区教学形成了较好的互补关系。

　　活动区教学与课堂教学的最大区别点是什么呢？活动区教学凸显了幼儿的操作性学习、自主性学习、发现性学习。教师主要任务不再是直接告诉幼儿知识，而是将所教知识物化到材料中，让幼儿通过操作材料，自己获取或发现其中的知识信息，同时获取相关经验与技能。活动区教学的全过程均体现出幼儿选择材料的自主性、学习的操作性以及对知识的自我发现。由此可见，操作材料或学具是活动区教学的关键，没有操作材料或学具，就根本谈不上活动区教学。并且操作材料或学具的性质与数量直接决定或影响幼儿的学习质量。可是如何才能设计出科学适宜的操作材料或学具呢？这是近十几年来多少幼教人在孜孜以求的事。她们的热情、她们的创造性、她们的奉献精神均通过她们所设计制作出的大量新颖独特的操作材料与学具展现得淋漓尽致。

由福建儿童发展职业学院附属幼儿园设计的《幼儿园区角操作活动150例》一书中，展示了为小、中、大三个年龄班幼儿设计的包含生活区、语言区、科学区、数学区、美工区以及综合区的一大批活动材料与学具。它们并不昂贵，大都是日常生活中的废旧物品，但却凝聚了幼儿教师的奇思妙想与敬业精神，显示出了幼儿教师的心灵手巧与独具匠心。更为可贵的是，她们围绕这些材料或学具设计丰富有趣的活动，并在实践检验的基础上提出了操作要点与指导建议。这些来自实践的优秀成果形象生动，极具创意，操作性强，可以为广大幼儿教师借鉴、采纳，用于自己的区角活动设计、指导中。所以，在此书出版之际，我首先代表未来的读者对这些材料与学具的设计者们表示衷心的感谢，同时也热烈祝贺此书的出版！

2012年1月10日星期二
于广州华南师范大学

目录

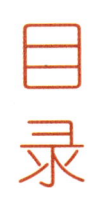

生活区

小班
1. 珍珠找家 …………………… 2
2. 喂海绵宝宝 ………………… 3
3. 小手真能干 ………………… 4
4. 可爱的毛毛虫 ……………… 6
5. 包饺子 ……………………… 7
6. 旋瓶盖 ……………………… 8
7. 插花 ………………………… 9
8. 蝴蝶飞飞 …………………… 10
9. 虫儿飞 ……………………… 11
10. 晾衣服 …………………… 12
11. 喂小猪 …………………… 13
12. 美丽的花瓶 ……………… 14
13. 孔雀开屏 ………………… 15
14. 别回形针 ………………… 16
15. 彩色门帘 ………………… 17
16. 小瓢虫的旅行 …………… 18
17. 丰收的果园 ……………… 20
18. 美丽的小树林 …………… 21
19. 扫落叶 …………………… 22

中班
1. 包糖果 ……………………… 23
2. 糖果宝宝穿毛衣 …………… 24
3. 滚小珠 ……………………… 26
4. 美丽的花园 ………………… 27
5. 钉花片 ……………………… 28
6. 漂亮的小提包 ……………… 29
7. 踢足球 ……………………… 30

大班

1. 系蝴蝶结 …………… 31
2. 玩别针 ……………… 33
3. 缝图案 ……………… 34

语言区

小班

1. 绿叶船 ……………… 36
2. 小兔乖乖 …………… 38
3. 三只蝴蝶 …………… 39
4. 小窗里的故事 ……… 40
5. 奇妙的故事盒 ……… 41

中班

1. 手偶故事讲述 ……… 42
2. 组字成词 …………… 44
3. 小小电视机 ………… 45
4. 神奇的轮船 ………… 46
5. 种子的成长日记 …… 48
6. 句式转盘 …………… 50

大班

1. 桌面故事讲述 ……… 52
2. 摆摆读读 …………… 53
3. 图卡连着说 ………… 55
4. 故事魔法大书 ……… 57
5. 画册讲述"我的郊游" …… 58
6. 声母找朋友 ………… 59
7. 字的由来 …………… 60
8. 文字找家 …………… 61
9. 认字跳格 …………… 62

科学区

小班

1. 小动物爱吃啥 ……… 64
2. 动物爱吃什么 ……… 65
3. 它们在哪里 ………… 66
4. 男孩，女孩 ………… 67
5. 小动物找尾巴 ……… 68
6. 变出的泡泡 ………… 69
7. 变出的画 …………… 70
8. 变色的胸牌 ………… 72
9. 吸管运水 …………… 74

中班

1. 我喜欢吃的蔬菜 …… 75
2. 秋季小贴士 ………… 76
3. 找一找 ……………… 78
4. 害虫与益虫 ………… 79
5. 镜子的游戏 ………… 80
6. 有趣的声响 ………… 82
7. 空气顶书 …………… 83
8. 螺旋桨转起来 ……… 84
9. 有趣的皮筋琴 ……… 85
10. 奇妙的变化 ………… 86
11. 有趣的沙漏 ………… 87

大班

1. 天气预报 …………… 88
2. 汽车标识配对 ……… 90
3. 四季转盘 …………… 91
4. 光影变化 …………… 92
5. 会变色的水 ………… 93

6. 会跳舞的蛋壳 …………… 94
7. 哪种纸容易湿 …………… 95
8. 有趣的过滤 ……………… 96
9. 看谁爬得快 ……………… 97
10. 找平衡 …………………… 99
11. 指尖上的小企鹅 ………… 100
12. 会滚动的小熊 …………… 102
13. 吹出的怪兽 ……………… 104
14. 能干的吸盘钩 …………… 105

数学区

小班
1. 鞋子找朋友 ……………… 108
2. 找影子 …………………… 109
3. 彩瓶配对 ………………… 110
4. 表情对对碰 ……………… 111
5. 有趣的嵌盒 ……………… 112
6. 喂小动物 ………………… 113
7. 苹果火车 ………………… 114
8. 美丽的花 ………………… 115
9. 触觉箱 …………………… 116
10. 香囊配对 ………………… 118
11. 数字粘扣 ………………… 120
12. 数一数，插一插 ………… 121
13. 蝴蝶找花 ………………… 122
14. 小树排队 ………………… 123
15. 摆图形 …………………… 124

中班
1. 七个阿姨来摘果 ………… 125
2. 种小树 …………………… 126

3. 打电话 …………………… 127
4. 找车牌号 ………………… 128
5. 上车 ……………………… 129
6. 摆扣子 …………………… 131
7. 小动物找家 ……………… 132
8. 信箱 ……………………… 133
9. 排排队 …………………… 134
10. 碟片花开 ………………… 135
11. 小树排队 ………………… 136
12. 插鱼鳞 …………………… 137
13. 数字邻居 ………………… 138
14. 小熊扣扣子 ……………… 139
15. 扑克排队 ………………… 140
16. 拼摆方块 ………………… 141
17. 找相同 …………………… 142
18. 图形找家 ………………… 143
19. 购物 ……………………… 145
20. 翻翻棋 …………………… 146

大班
1. 藏猫猫 …………………… 147
2. 大树屋游戏 ……………… 149
3. 珠串宝盒 ………………… 151
4. 数字与珠串 ……………… 152
5. 分一分，记一记 ………… 154
6. 占棋盘 …………………… 155
7. 美丽的花园 ……………… 156
8. 点蜡烛 …………………… 157
9. 七彩花 …………………… 158
10. 生日蛋糕 ………………… 159
11. 打电话 …………………… 160
12. 小花找家 ………………… 161

13. 算式插卡 ………… 162

美工区

小班
1. 桃花朵朵开 ………… 164
2. 滚珠画 ………… 165
3. 撕一撕，剪一剪 ………… 166
4. 蝴蝶花 ………… 167

中班
1. 制作狮子头 ………… 168
2. 郁金香 ………… 169

大班
1. 装饰相框 ………… 170
2. 怪兽脸谱 ………… 171
3. 漂亮的凤冠 ………… 172
4. 手指百合 ………… 174
5. 可爱的小金鱼 ………… 175
6. 蛋糕小书 ………… 176
7. 运动小人 ………… 177
8. 折纸小台历 ………… 179
9. 创意无框画 ………… 180

综合类
1. 多功能趣味方垫 ………… 182
2. 趣味魔法纸箱 ………… 185
3. 妙笔生花 ………… 189
4. 趣味编织架 ………… 193

生活区

1. 珍珠找家

小班

·吴端萍

操作要点

1. 将扇贝壳一一取出摆放好。
2. 用三指抓起左边小碗中的塑料小球，找到一个扇贝壳，轻轻将小球放入壳中。
3. 依同样的方法逐一将小球放入扇贝壳中。
4. 将小球逐个归位收放好。

活动目标

练习三指抓的动作，学习一一对应。

活动准备

塑料小球若干，扇贝壳若干，小碗两个。

指导建议

1. 向幼儿介绍扇贝壳的名称和用途。
2. 以"帮助珍珠找家"的形式，激发幼儿的操作兴趣。
3. 提醒幼儿摆放扇贝壳时应凹面朝上。
4. 鼓励幼儿左右手交替练习。

生活区·小班

2. 喂海绵宝宝

·古咏梅　祖桂枝　马嘉曦

活动目标

学习五指抓、舀的动作，能区分大小。

活动准备

纸箱制作的海绵宝宝墙饰，海洋球，塑料珠，大勺，小勺。

操作要点

1. 用大勺将篮中的海洋球一个个舀起，送入大海绵宝宝的口中。

2. 用小勺将篮中的塑料珠一个个舀起，送入小海绵宝宝的口中。

3. 喂完后，将海绵宝宝口中的球用五指抓的方法取出，放回篮子里。

指导建议

1. 可变换墙饰的形象，激发幼儿操作的兴趣。

2. 可增加矿泉水瓶连接而成的身体，让幼儿观察物体滑落的过程，增强趣味性。

生活区·小班

3. 小手真能干

·游万玲

活动目标

1. 练习五指抓、三指抓、舀的动作，增强手指的灵活性。
2. 提高对应、分类和配对的能力。

活动准备

大小不同的塑料球，墙饰。

操作要点

1. 用五指将小猴盒中的球抓起，放入小猫和小猪的长筒中，使其滚落，结束后将球放回小猴盒中。
2. 用三指将小兔盒中的球抓进小熊直筒中，结束后放回原处。
3. 将小狗右边盒中的球舀入左边盒子内。
4. 可左右手交替练习。

指导建议

可根据幼儿动作发展的实际水平，选用不同大小、质地的球，如玻璃球、弹力球、乒乓球等，以及不同大小的勺子，引导幼儿进行练习。

生活区·小班

4. 可爱的毛毛虫

·陈 霞

活动目标

练习粘贴的动作，提高手眼协调能力。

活动准备

小球5个（球的两端贴上尼龙粘扣），大球1个（做成毛毛虫的头）。

操作要点

1. 将球两端的尼龙粘扣对应粘合，连成一只毛毛虫。
2. 将粘好的毛毛虫一个一个解开，放入小篮中。
3. 反复操作。

指导建议

可增加球的颜色，引导幼儿按照颜色排列规律粘合毛毛虫。

5. 包饺子

·李燕飞

活动目标

1. 学习手指捏的动作，发展手指的灵活性。
2. 体验自己包饺子的乐趣。

活动准备

饺子皮与饺子馅（用绒布制成），小蒸笼1个，小碗2个。

操作要点

1. 取一片饺子皮放在手心，用勺子舀一个饺子馅放入饺子皮中。
2. 用手指轻轻捏紧饺子皮边缘的魔术贴。
3. 将包好的饺子放入蒸笼里。

指导建议

1. 可不断丰富饺子馅品种，或提供散状的饺子馅，增加趣味及操作难度。
2. 可提供真实的饺子皮和饺子馅，让幼儿尝试练习。

生活区·小班

6. 旋瓶盖

· 马嘉曦

操作要点

1. 一手扶着瓶身，一手握住瓶盖，按逆时针方向旋开瓶盖。
2. 将旋开的瓶盖与瓶子对应摆放。
3. 按顺时针方向将旋开的瓶盖逐一旋紧。
4. 将瓶子按大小顺序放入底座中。

活动目标

1. 练习按顺、逆时针旋的动作。
2. 感受瓶子按大小排列的规律。

活动准备

各种大小的瓶子若干，瓶子底座。

指导建议

1. 可与幼儿共同收集大小、色彩、造型各异的瓶子，并注意瓶子的安全、卫生。
2. 可在瓶盖上贴上红、蓝箭头，分别表示顺、逆时针方向，并引导幼儿观察，帮助其辨别旋转方向。

7. 插花

·陈 霞

活动目标

练习穿、插的动作，提高手眼协调能力。

活动准备

自制花盆底座，毛绒棒，吸管，小花。

操作要点

1. 将小花的枝干（毛绒棒）穿入吸管。
2. 将穿上吸管的小花插入花盆底座的孔中。
3. 依照同样方法将所有小花插入花盆中。
4. 操作结束后，将小花取下，放回原处整理好。

指导建议

1. 可提供多种造型、颜色的花朵，激发幼儿的审美情趣。
2. 可提供粗细不同的吸管，与相应大小的插孔进行配对，提高难度。

生活区·小班

8. 蝴蝶飞飞

·黄 铮

活动目标

练习夹的动作，感受美的造型。

活动准备

蝴蝶发夹若干，人造花艺作品（塑料花、绢花）1个。

操作要点

1. 取蝴蝶发夹，将其逐一夹在人造花艺作品的花朵或绿叶上。

2. 可将蝴蝶发夹取下，反复操作。

指导建议

教师可以创设情境"美丽的蝴蝶飞进花圃"，进行操作讲解，引导幼儿在欣赏蝴蝶发夹及人造花艺作品的基础上，将蝴蝶发夹夹在人造花艺作品适宜的位置，使之更显生动、美丽。

9. 虫儿飞

·毛一冉

活动目标

练习夹的动作，提高手指的力量和协调性。

活动准备

衣夹，立体昆虫形象，自制藤条等。

操作要点

1. 选择自己喜欢的昆虫及衣夹。
2. 拇指、食指和中指配合用，用衣夹将昆虫逐一夹在藤条上。
3. 操作结束后将衣夹取下归位。

指导建议

可更换大小不一、造型各异的夹子，增加活动的趣味性。

10. 晾衣服

· 游万玲　吴端萍

活动目标

练习夹的动作，发展手眼协调的能力。

活动准备

衣服，衣夹，储衣箱，晾衣绳等。

操作要点

1. 将储衣箱中的衣服取出。
2. 逐一将衣服夹在晾衣绳上。
3. 活动结束后，将衣服整理好放回储衣箱，将衣夹夹在储衣箱边缘上。

指导建议

1. 可提供种类不同的童装、童袜，激发幼儿的操作兴趣。
2. 可提供不同类型的衣架，满足不同发展水平幼儿的需求。
3. 也可将此活动制作成墙饰进行操作。

11. 喂小猪

·游万玲

活动目标

练习夹的动作，发展手眼协调能力。

活动准备

小镊子，装有红豆的小碗，小猪形象容器。

操作要点

1. 从碗里夹起红豆，送入小猪口中。
2. 可左右手交替操作。
3. 操作结束，将豆豆倒回小碗中。

指导建议

1. 可引导幼儿边夹豆豆边数数。
2. 可更换夹的物品，如花生、蚕豆等。

生活区 · 小班

12. 美丽的花瓶

· 马嘉羲　吴端萍

操作要点

1. 观察花瓶上小花的空白轮廓，从盒子里找出与小花空白轮廓相同的花朵。
2. 将找到的花朵夹到相应的小花空白轮廓上。
3. 依同样方法，夹出其他花朵摆放在花朵空白轮廓上。
4. 操作结束后将小花夹回盒子中。
5. 尝试左右手交替反复操作。

活动目标

1. 练习夹的动作，学习对应摆放。
2. 提高手眼协调能力。

活动准备

小镊子，花瓶底图，花片，盒子。

指导建议

可更换不同的夹子、被夹物的种类及底图。

生活区 · 小班

13. 孔雀开屏

· 吴端萍

活动目标

练习夹的动作，学习对应摆放。

活动准备

孔雀底图，镊子，水滴形羽毛若干，插盘。

操作要点

1. 用镊子从插盘中夹出一片水滴形羽毛，对应摆放在相应的羽毛轮廓上。
2. 依次进行，直到底图上的羽毛轮廓放满羽毛为止。
3. 活动结束后，将羽毛一一夹回插盘。

指导建议

1. 操作前引导幼儿欣赏底图，以"为孔雀穿衣"的情境激发幼儿的操作兴趣。
2. 可提供色彩丰富的羽毛亮片，引导幼儿按颜色规律摆放亮片。
3. 鼓励幼儿左右手交替反复操作。

生活区 · 小班

14. 别回形针

· 林 娟

操作要点

1. 将颜色相同的蝴蝶双翅卡片对应重叠。
2. 取一枚回形针将蝴蝶双翅卡片的脚别在一起。
3. 重复以上动作,直至将蝴蝶双翅卡片完全固定。
4. 将蝴蝶翅膀展开,变出立体的蝴蝶。

活动目标

1. 练习别回形针,锻炼小肌肉动作。
2. 感受图案的对称美。

指导建议

1. 可提供不同对称花纹的蝴蝶、蜻蜓等昆虫图卡,引导幼儿欣赏图案的对称美。
2. 操作熟练后,可引导幼儿按回形针的颜色有规律进行别针。

活动准备

对称的蝴蝶、蜻蜓卡片,装有若干个彩色回形针的小碗。

15. 彩色门帘

· 游万玲　吴端萍

活动目标

练习穿的动作，提高手眼协调能力。

活动准备

纸盒制成的小熊屋，彩色回形针若干，小罐子。

操作要点

1. 取一个回形针，观察穿回形针的起点并穿入小熊屋上的挂钩。
2. 将另一个回形针穿入前一个回形针的底部。
3. 依照此方法将回形针穿成一串门帘。
4. 活动结束，将回形针逐个取下放回罐子中。

指导建议

引导幼儿按一定的颜色排列规律穿回形针。

生活区 · 小班

16. 小瓢虫的旅行

·陈 霞

活动目标

练习粘、摁、扣、拉等动作,提高手眼协调能力及配对能力。

活动准备

背景图,小花、葡萄、雨滴、小瓢虫图案等。

操作要点

1. 将小花扣在第一页图中。
2. 将小雨滴摁在第二页图中。
3. 将葡萄一粒一粒地粘在第三页图中。

生活区·小班

4. 将第四幅图中叶子上的拉链拉上。

5. 操作小瓢虫，结合背景图讲述故事。

指导建议

教师在操作活动前，可讲述故事《小瓢虫的旅行》，激发幼儿操作的愿望。

17. 丰收的果园

·吴端萍

活动目标

练习扣、粘、摁等动作，提高自理能力。

活动准备

小花、白云、苹果、太阳布艺，背景操作图。

操作要点

1. 将背景操作图铺平。
2. 将花中心的小洞对准操作图上的扣子，扣在纽扣上。
3. 将苹果对准粘扣粘在苹果树上。
4. 对准摁扣的凹面和凸面，把白云、太阳摁在操作图上。
5. 将花、苹果、白云等逐一取下，再次操作。

指导建议

1. 重点引导幼儿摁扣的操作方法。
2. 鼓励幼儿在园、在家自己扣衣扣，粘鞋扣。

生活区·小班

18. 美丽的小树林

·马嘉曦

活动目标

练习扣、摁、粘贴、插的动作，提高精细动作能力。

活动准备

在山坡、树墙饰上分别缝上纽扣、暗扣、魔术粘扣，在栏杆上缠绕藤条，毛线钩的小花，缝有暗扣的树叶，贴有魔术贴的小水果，塑料花，篮子。

操作要点

1. 从篮子里取出小花，根据花朵上洞的大小找到合适的纽扣扣好。

2. 将小叶子摁在树的暗扣上。
3. 将水果按照粘扣数量对应粘贴好。
4. 将塑料花朵逐一插在藤条上。

指导建议

可提供不同的底图和材料，激发幼儿操作的兴趣。

19. 扫落叶

·马嘉曦

操作要点

1. 将篮子中的落叶倒在地面上。
2. 用扫帚将落叶从四周向中心扫成一堆。
3. 把这堆落叶扫入畚斗中。
4. 将畚斗中的落叶倒回篮内。

活动目标

练习扫的动作,提高手眼协调能力。

指导建议

根据幼儿操作的水平,调整落叶的数量和种类。

活动准备

用废纸剪出各种形状的落叶,小扫帚,篮子。

生活区 · 小班

1. 包糖果

中班 → → →

·马嘉曦

活动目标

学习包糖果，提高小肌肉动作的协调性。

活动准备

泡沫糖块，糖纸，糖盒，数字卡片。

操作要点

1. 将糖纸铺平，把糖块放入糖纸中间。
2. 将糖块包起来，捏住糖纸两端拧紧。
3. 将包好的糖果放入盒内。

指导建议

可增加数字卡片，引导幼儿根据卡片上的数量包喜糖，加深对10以内数的理解。

2. 糖果宝宝穿毛衣

·马嘉曦　吴端萍

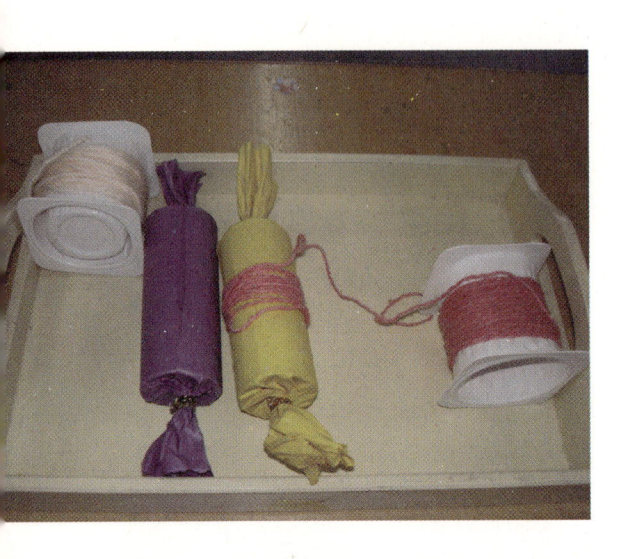

活动目标

练习绕的动作，提高手眼协调能力。

活动准备

自制糖果（平面、立体），绕有不同颜色毛线的线轴。

操作要点

1. 选择糖果，拉出毛线的线头，在糖果上绕毛线。
2. 将线轴上的所有毛线均匀地绕在糖果身上。
3. 将绕在糖果上的毛线再绕回线轴上。

指导建议

1. 可提供绕有各色毛线的线轴，激发幼儿的操作兴趣。

2. 提供各种适合缠绕的物品，如数字的底板，引导幼儿按数字的顺序绕毛线，丰富操作方式，提高操作难度。

3. 滚小珠

·吴端萍

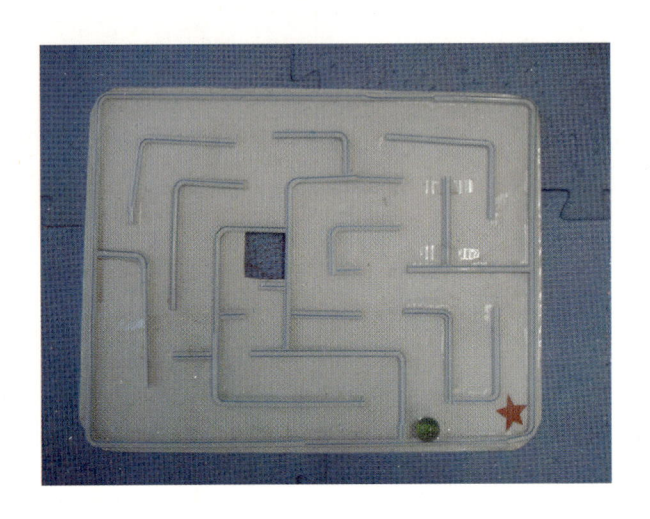

活动目标

能操作底板将小珠滚入中间的网格中，提高幼儿手眼协调能力。

活动准备

吸管制成的底板，小珠。

操作要点

1. 将小珠放在底板的起点上。
2. 根据路线轻轻晃动底板，使小珠能滚入网格中。
3. 引导幼儿探索使小珠顺利到达终点的路线。

指导建议

鼓励幼儿与同伴以竞赛形式进行操作，增强游戏的趣味性。

4. 美丽的花园

·林 娟

活动目标

加强小手精细动作练习，感受作品的美。

活动准备

网格架，藤蔓，塑料花朵，粘有昆虫造型的各式夹子，篮子两个。

操作要点

1. 取出篮子里的花朵，逐一插到花枝上。
2. 将另一篮子里的昆虫夹子取出，夹在藤蔓或架子上。
3. 欣赏美丽的花园。
4. 操作结束后，将花朵从花枝上拆下，昆虫夹子取下，分别放入篮子里。

指导建议

可提供不同颜色、形状的塑料花，引导幼儿按一定的规律拼插美丽的花链。

生活区·中班

5. 钉花片

·郑景云

活动目标

练习捶的动作，提高手眼协调能力。

活动准备

粘贴有花瓶、花枝图案的泡沫底板，彩色花片，木制小锤，小铁钉。

操作要点

1. 从盒子中取出一朵花片放在一根花枝上。
2. 取出一根铁钉插入花片的中心。
3. 用一只手的食指和拇指握住铁钉，另一只手拿锤子，对准钉子往下捶，直至将钉子牢固钉入泡沫底板中。
4. 运用以上方法，将各色花片分别钉在花枝上，组成一束美丽的花朵。
5. 相互欣赏制作好的美丽花瓶。

指导建议

1. 可更换花片造型，使幼儿保持操作的兴趣。
2. 引导幼儿根据花片的颜色，插出错落有致的造型。

6. 漂亮的小提包

· 吴端萍

活动目标

练习正反面穿、缝的动作，提高手眼协调能力。

活动准备

各种提包模型一式两份（边缘用打孔机根据需要打出小洞），彩色鞋带若干。

操作要点

1. 对齐叠放两份相同的提包模型，将鞋带的一端对准提包上端的小洞从下往上穿出，并拉紧。

2. 抓住绳头，自上而下穿过邻近的小洞，拉紧绳子。

3. 以同样的方法反复操作。

4. 操作结束后，将绳子从提包上抽取出并整理好。

指导建议

可逐步增加提包上小孔的数量，以满足不同层次幼儿动作发展的需求。

生 活 区 · 中班

7. 踢足球

·吴端萍

活动目标

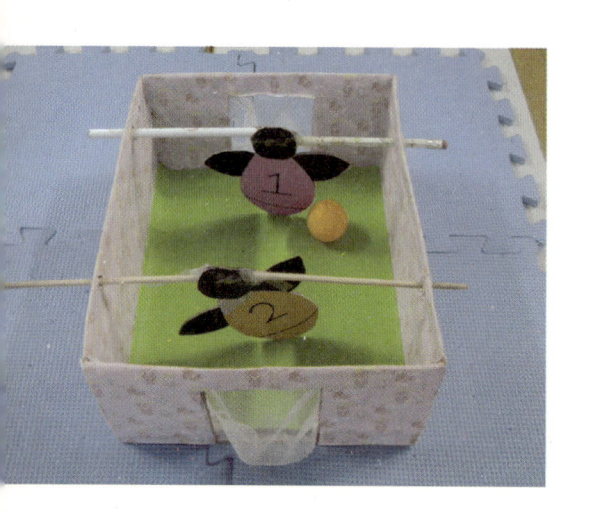

1. 能灵活操作木杆小人，提高手眼协调能力。
2. 感受两人合作游戏的乐趣。

活动准备

自制足球盒，木杆小人2个，乒乓球1个。

操作要点

1. 将乒乓球放入盒中。
2. 以"锤子、剪刀、布"的形式决定谁先发球。
3. 发球方转动木杆将球踢向对方。
4. 对方左右移动木杆小人挡住踢来的小球，不让它滚入自己的网内。
5. 先进入对方的网内者获胜。

指导建议

1. 引导能力相当的幼儿合作游戏。
2. 鼓励幼儿尝试用自己喜欢的方式决定谁先发球。

1. 系蝴蝶结

大班

·何圣予

活动目标

练习双手配合系蝴蝶结，发展手指精细动作。

活动准备

自制的各式衣服，各色缎带等。

操作要点

1. 将小衣服摆放在桌面，将缎带的一端穿过衣服上的两个小孔。
2. 双手拉动缎带的两端将其对齐。
3. 将两边的缎带交叉，其中一端从交叉的洞里钻出，双手一拉打好结。
4. 一只手将缎带的其中一段做成小翅膀状，另一只手将另一段缎带从翅膀前绕过，由交叉的洞中钻出时自然地拉成小翅膀状。
5. 调整左右两边翅膀的形状使其对称。
6. 操作结束后，将蝴蝶结的任意一端轻轻一拉，即解开蝴蝶结。

生活区·大班

指导建议

1. 可提供操作步骤图，帮助幼儿进一步掌握基本步骤。

2. 幼儿实际操作时需要教师进行具体、有针对性的指导。

3. 教师可用一些奖励的办法，提高幼儿自主操作的积极性，如，已操作或掌握的幼儿可在自己的号数上贴上一张笑脸贴纸。

2. 玩别针

·黄 铮

活动目标

练习使用别针。

活动准备

有若干小孔的对称图案、头饰、手环等物品若干，各种型号的别针若干，篮子等。

操作要点

1. 选择一个自己喜爱的头饰、手环或对称图案。
2. 根据图案大小选择合适型号的别针。
3. 观察别针的开关口，用双手大拇指和食指按压别针，将别针打开，逐一穿进对称图案的洞里并别好。
4. 用同样方法将别针穿进头饰和手环的洞里，或将别针连成串。
5. 操作结束后，将别针取下并别好开关口。

指导建议

1. 引导幼儿欣赏别好的头饰、手环及对称图案。
2. 提醒幼儿收别针时注意别针的开关口是否别好，以免扎手。

3. 缝图案

·黄　铮

活动目标

1. 练习穿针、打结和缝线，锻炼手眼协调能力。
2. 能耐心、细致地完成精细工作。

活动准备

大号缝衣针，插针垫，各色彩线，自制线轴，图案卡，剪刀等。

操作要点

1. 选择自己喜欢的图案卡。
2. 左手拿图案卡，右手持针，按照图案的轮廓线扎出针孔。
3. 选择喜欢的彩线，将彩线穿过针眼，取适宜长度将线剪断并打结。
4. 左手拿图案卡，右手持针，对准针孔一上一下地缝，直至将图案的轮廓线全部缝完后打结，剪断线头。
5. 将针插回针垫上，和其他材料一起放回托盘。

指导建议

1. 提醒幼儿注意用针安全，不工作或离开时应及时将针插在针垫上。
2. 鼓励幼儿互相帮助进行穿针、打结。
3. 操作熟练后，能力强的幼儿可不需要进行刺针孔的步骤，直接缝图案。

语言区

小班 → → →

1. 绿叶船

·陈 霞

活动目标

能根据画面内容讲述故事。

活动准备

自制不织布布书。

操作要点

1. 将布书打开，呈现完整的故事背景。
2. 操作布书中的故事角色，根据提示一页一页讲述画面内容。
3. 操作结束后将故事角色归位，并按"之"字形将布书叠放好。

指导建议

1. 教师边操作布书边生动地讲述故事，激发幼儿操作的愿望。
2. 幼儿操作布书时，教师可引导其观察书中的内容讲述对白。

语言区·小班

2. 小兔乖乖

·祖桂枝

活动准备

兔妈妈、三只小兔、大灰狼等故事角色，围兜制成的蘑菇房、大树、萝卜地等口袋背景。

操作要点

1. 穿上围兜，取出故事中的各角色。
2. 结合围兜上的口袋背景，操作小动物进行故事讲述。
3. 讲述故事后将小动物逐一放回口袋中。

活动目标

能运用操作材料进行讲述，对讲述活动感兴趣。

指导建议

1. 鼓励幼儿与同伴分别扮演不同的角色进行讲述。
2. 可根据不同故事更换角色图卡。

3. 三只蝴蝶

·马嘉曦

活动目标

能结合画面讲述故事，喜欢讲述活动。

活动准备

用毛根自制的蝴蝶、太阳、云朵等，自制插盘，绒布花朵，贴有花园背景的柜面。

操作要点

1. 根据故事情节，从插盘中依次取出蝴蝶、太阳、云朵等角色，讲述故事《三只蝴蝶》。
2. 讲述后，将故事角色插回底盘收放好。

指导建议

1. 教师可与幼儿共同制作故事中的角色，激发幼儿讲述的兴趣。
2. 可根据故事内容更换背景及故事角色等。

4. 小窗里的故事

·毛一冉

活动目标

学习使用短句"××在干什么"。

活动准备

纸盒房子（贴有讲述图卡），树，栏杆若干。

操作要点

1. 逐一打开窗户，观察窗户中的图片。
2. 根据图片内容，使用短句"××在干什么"、"××在……"，以自问自答的形式进行讲述。
3. 讲述结束后，关上窗户。

指导建议

鼓励幼儿与同伴以一问一答的形式轮流讲述。

5. 奇妙的故事盒

·吴端萍

活动目标

对讲述活动感兴趣，能结合画面大胆地进行讲述。

活动准备

贴有天空、农场及海洋背景图的大纸盒一个，小动物卡片若干，插孔容器三个。

操作要点

1. 将纸盒放在桌面上，翻开盖子。
2. 依次取出小动物插在插孔容器中。
3. 根据摆好的画面说一句话或讲一个简短的小故事。
4. 可更换小动物的位置进行讲述。
5. 讲述结束后将材料收放好。

指导建议

1. 出示故事盒，请幼儿猜猜里面有什么，激发幼儿参与活动的兴趣。
2. 逐一出示小动物，引导幼儿说出其名称，并了解插孔容器的使用方法。

语言区·小班

1. 手偶故事讲述

中班

·林 娟

活动目标

1. 能根据故事情节，边操作手偶边讲述故事。
2. 体验合作讲述的乐趣。

活动准备

故事背景图（金色的房子、三只小猪），纸卷芯，信封手偶，废旧水彩笔套，水彩笔制作的指偶。

操作要点

1. 选择故事内容，自选角色。
2. 根据故事情节，边操作教具边讲述故事。
3. 与同伴交换角色，继续表演。

语言区·中班

指导建议

1. 教师可利用班级的墙角创设丰富的背景图，体现情境的立体感。

2. 可根据班级开展的故事讲述活动内容，定期更换背景图和角色。

2. 组字成词

· 林 琼

操作要点

1. 选择一张小图卡，观察其画面，理解图案所表示的意义及词语。

2. 用工字钉逐一将小图卡钉在花瓣或树枝上，并说出相应的词语。

活动目标

学习用字组词，积累和丰富词汇量。

活动准备

贴有花和树图案的花朵及小树，用花和树组成词语的图卡，工字钉等。

指导建议

1. 引导并鼓励幼儿欣赏钉上图卡的花朵与小树，并朗读操作结果，如"花——花盆、鲜花、花圃……"，进一步进行组词练习。

2. 提醒幼儿注意工字钉使用安全。

3. 小小电视机

·郑淑杰

活动目标

能仔细观察画面内容，初步按照图片提供的线索想象和讲述。

活动准备

自制的纸盒小电视，纸盒内装有可旋转把手，能更换背景底图；小图片若干。

操作要点

1. 引导幼儿用一张底图和若干小图片，不断地滚动图片，讲述图片的内容，练习完整地讲述一句话或一段话。
2. 两名幼儿相互配合，一人滚动图片，另一人负责讲述。

指导建议

1. 可引导幼儿随时更换相应的小图片和底图，学习创编故事内容。
2. 启发幼儿与同伴一起合作玩游戏，并耐心倾听同伴讲述。

语言区·中班

4. 神奇的轮船

·林 娟

活动目标

能围绕时间、人物、地点、事件等要素进行讲述。

活动准备

1. 背景图：画有四个救生圈的轮船，救生圈中心镶嵌有黄、红、蓝、绿四色的定点物（由废旧水彩笔后塞及笔身后端部分制作而成），相应的四色箭号。

2. 光盘：用黄色即贴纸从圆心放射粘贴，将光盘划分为三个区域，粘贴三张代表时间要素的图片。用这种方法制作代表"人物、地点、事件"等要素的光盘，并以红、蓝、绿色分割线标识。

3. 光盘架：标有黄、红、蓝、绿四色的区域记号。

操作要点

1. 从背景图上的轮船救生圈中取下各色活塞。

2. 从光盘架上的各色区域内取下四要素光盘各一个，对应摆放入背景图中。

3. 转动光盘，停止转动时观察背景图上四色箭号所指的光盘区域里的图标。

4. 看图标，学习围绕"时间、人物、地点、事件"的要素讲述事件。

5. 依此方法，反复操作练习。

6. 操作结束后，根据光盘上的分割线颜色分类将光盘归放于光盘架上。

指导建议

1. 幼儿可与同伴合作完成操作练习。

2. 光盘上的四要素图标可以由幼儿自由绘画制作。

5. 种子的成长日记

·吴梅芳

活动目标

1. 能认真观察画面,并将种子成长的过程图拼摆完整。
2. 发展手眼协调能力,能够正确排序并大胆讲述。

活动准备

将种子成长阶段的图片裁剪成两半,粘有暗扣的万通板和图片,自制电视机一台。

操作要点

1. 将种子成长阶段的图片散发在桌面上。
2. 认真观察图片,将相对应的两半段图片拼摆在一起。
3. 按照种子的成长顺序将图片整齐地摆放。

语言区 · 中班

4. 将图片分别对应摁在万通板上。
5. 将画面按照前后顺序放入电视机里,进行讲述。

指导建议

1. 引导幼儿自制图画书进行讲述活动。
2. 可扩展至动植物的成长记录,如青蛙的成长日记等。

6. 句式转盘

·林 琼

活动目标

1. 能认真观察画面，发现和理解事物之间的因果关系。
2. 学习用"因为……所以……"的句式进行完整表述。

活动准备

自制的三层活动转盘，转盘上画有表示因果关系的图案。

操作要点

1. 旋转最上层的绿色转盘，使其开口停留在第二层转盘上表示"因为……"的某个图示处。
2. 在表示"所以……"的第三层转盘中寻找与之相应的成因果关系的图示。
3. 转动红色小柄，使其指向第三层转盘上相应的图示。

4. 根据选定的两个图示，运用"因为……所以……"的句式进行完整表述。

指导建议

1. 也可引导幼儿先选择表示"所以……"的图示，再选择表示"因为……"的图示进行对应并讲述。
2. 可进一步引导幼儿根据"因为……"的图示，自己想出与之成因果关系的"所以……"进行完整讲述。

1. 桌面故事讲述

大班 → → →

·陈贝莉

活动目标

1. 能根据故事情节操作学具进行讲述。
2. 增强与同伴合作的意识，体验合作讲述的快乐。

活动准备

幼儿用纸杯自制的故事角色、场景等。

操作要点

1. 与同伴共同创设故事场景。
2. 同伴间协商并确定各自的故事角色。
3. 根据故事情节发展，逐一出示角色大胆讲述。
4. 重新分配角色，再次讲述。

指导建议

1. 可引导幼儿在美术区或美术分组活动中，选用纸杯等材料自制桌面教具及场景，然后投放到语言区进行讲述。
2. 可引导幼儿根据不同的故事，从各种自制材料中选择相应的场景、角色进行创设和讲述。

语言区 · 大班

2. 摆摆读读

· 何圣予

活动目标

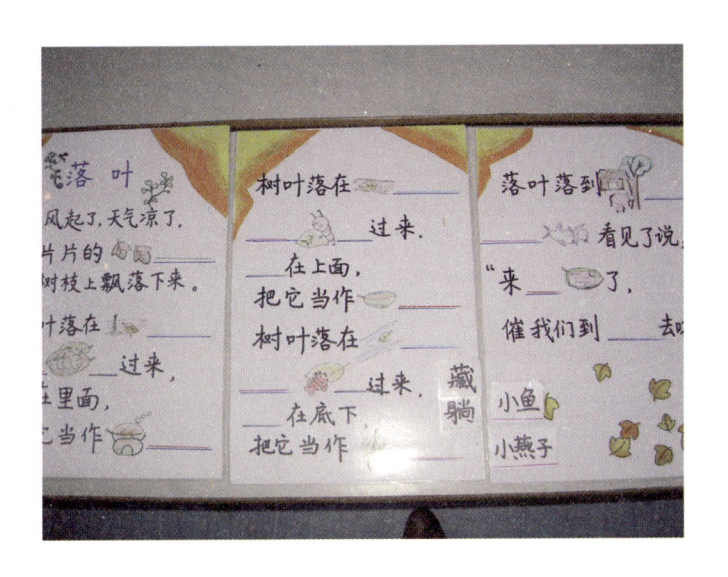

1. 对文字感兴趣，能根据诗歌中的插图提示找到相应的词汇文字。
2. 巩固诗歌内容，能完整、流利地朗读。

活动准备

图文并茂的诗歌底图，诗歌中代表名词、动词、方位词的小字卡（分别以边框颜色进行区分，如：代表名词主语的字卡边框颜色为粉色；代表动作的字卡边框颜色为绿色）。

操作要点

1. 将诗歌底图按顺序依次排好。

语言区 · 大班

2. 观察小字卡，根据边框的颜色分类排好。

3. 看诗歌底图，用指读的方式逐行阅读诗歌，当看到小插图旁的空格时（空格的横线也标有不同的颜色），回忆诗歌中相应的词汇。

4. 对照空格下划线的颜色，在相同边框颜色的字卡中寻找相应的词汇字卡对应摆好。

5. 完整朗读诗歌。

指导建议

1. 教师选取的诗歌应注意格式对称，不可随意设置字卡摆放处，应有一定的规律可循。如诗歌《落叶》：落叶落在＿＿＿＿，＿＿＿＿看见了＿＿＿过来，＿＿＿在里面，把它当作＿＿＿＿。

2. 空格下划线的颜色与字卡边框的颜色相对应是本操作活动的错误控制点。

3. 可请两位幼儿共同操作，同伴间互相商量、帮助。

3. 图卡连着说

·郑景云　宁杨静　宋菲燕

活动目标

能与同伴合作，完整连贯地讲述图卡内容。

活动准备

四个骰子（分别代表时间、人物、地点、事件），每个骰子每一面的内容都不一样。

操作要点

1. 将四个骰子按时间、人物、地点、事件的顺序摆放好。
2. 两名幼儿分别投掷四个骰子。
3. 运用"某时间——某人——在某地方——做某件事"的句型，连贯、完整地进行语言讲述练习。
4. 重新投掷骰子，进行多次语言讲述练习。

语言区·大班

指导建议

1. 可更换骰子上的内容，增加游戏趣味性。
2. 可引导幼儿进行形容词的填充、扩句等练习。

4. 故事魔法大书

·李燕飞

活动目标

能看图讲述故事，大胆进行创编。

活动准备

1. 幼儿自制松鼠、乌龟、马、猴子等动物卡片。
2. 配有底图的大书一本，文字图片，小盒子一个。

操作要点

1. 认读大书的故事名称。
2. 逐页翻开大书，从盒子中取出对应的动物卡片插在大书的底图上进行讲述。
3. 讲述完毕，将动物卡片放回盒子。

指导建议

1. 可引导幼儿参考底图上的文字注解讲述故事，提高对文字的兴趣。
2. 鼓励幼儿自主选择图卡对应底图，大胆创编故事。

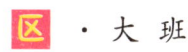

5. 画册讲述"我的郊游"

·朱丽芬

活动目标

能运用相关词汇看图进行生活经验讲述。

活动准备

自制画册。

操作要点

1. 翻开画册，呈现出幼儿相片及其绘制的图画。
2. 将相片上的同伴作为讲述内容的主人公，围绕彩色部分的画面（即需要讲述的内容），运用提示词汇进行讲述。
3. 依次翻页讲述或自主选择主人公和画面进行讲述。

指导建议

根据幼儿的讲述水平，教师可逐渐增加词汇提示的种类及数量。

6. 声母找朋友

·郑景云

活动目标

1. 能找出与声母读音相同的图卡，进行对应摆放。
2. 练习发音，巩固对声母的认读。

活动准备

含有声母b、p、m、f的拼音卡片，相对应的图片四张，操作板一个。

操作要点

1. 选择一张声母卡片放在操作板的中间。
2. 找出与声母相同的读卡，对应摆放在操作板上。
3. 幼儿边摆放边认读拼音，进行发音练习。
4. 选择其他声母，继续以上的步骤。

指导建议

可根据幼儿的发展水平更换声母卡片。

语言区 · 大班

7. 字的由来

·苏 静

活动目标

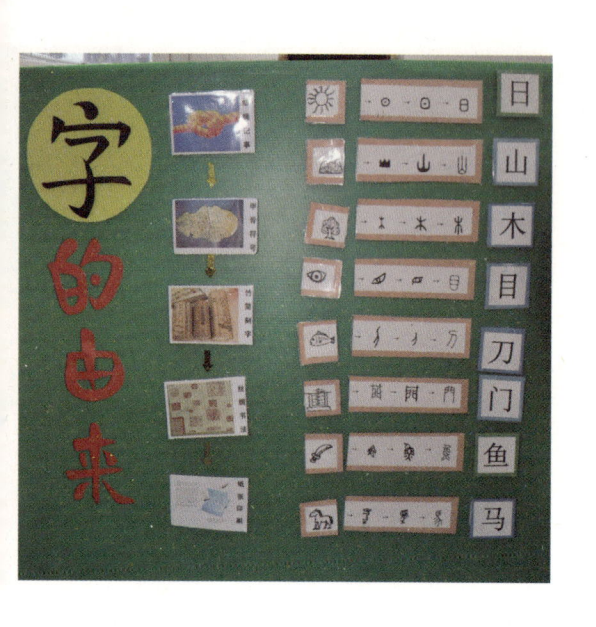

了解汉字的由来和变迁，加深对文字符号的兴趣。

活动准备

结绳、甲骨等图片，象形字及对应的图片、字卡等。

操作要点

1. 根据字的由来，按顺序摆放相应的图片：结绳记事——甲骨符号——竹简刻字——丝绸书写——纸张印刷。
2. 根据象形字的演变，将相对应的图片与文字进行配对。

指导建议

1. 象形字数量和内容可根据幼儿的熟悉程度添加或更换。
2. 鼓励幼儿和同伴以竞猜的形式，说一说、摆一摆象形字，增加趣味性。

语言区 · 大班

8. 文字找家

·彭如玲

活动目标

认识常见的偏旁部首，提高对文字的兴趣。

活动准备

文字偏旁格子底图，装有过塑文字卡片的篮子两个（文字底色分黄、蓝两色），骰子，将偏旁部首编号列表（贴在托盘里）。

操作要点

1. 两个幼儿面对面进行，分别持一个装有一种颜色文字卡片的篮子。

2. 将文字偏旁格子底图放在草席上。一个幼儿掷骰子，根据骰子上的数字，从列表里找出相对应的偏旁部首，然后从篮子里找出这个部首的文字卡片，放在格子底图相应部首的格子里。换另一个幼儿操作。

3. 如幼儿认识格子里的文字，可读出来互相学习。

4. 操作结束后将文字卡片装进篮子里，并将底图整理好放回托盘。

指导建议

文字卡片所选择的文字应是简单的常见字，一个阶段后可逐步增加文字的数量和难度。

9. 认字跳格

·彭如玲

活动目标

初步认识生活中常见的汉字，提高识字的兴趣。

活动准备

汉字卡，在地上画格子。

操作要点

1. 三个幼儿协商，以轮流的方式开展活动。
2. 一个幼儿手持卡片坐在椅子上，另外两个幼儿站在地上格子的起点。
3. 持卡的幼儿任意出示一张字卡，另外两个幼儿哪一个能正确读出卡上的字，就往前跳一格；如果不认识，就停在原地不动；如果两个人都认得，两人均向前跳一格。持卡人出示下一张卡片，活动继续进行。
4. 谁先跳到格子的终点，就由谁来当持卡人，活动重新开始。

指导建议

教师可有意识地将能力强弱不同的幼儿搭配组合，鼓励他们互相学习，增进同伴之间的互动与合作。

科学区

小班 → → →

1. 小动物爱吃啥

·古咏梅

活动目标

了解各种小动物爱吃的食物，并能一一对应摆放。

活动准备

纸盒制作的小火车墙饰，食物卡片。

操作要点

1. 取出火车头盒子里的食物卡片，并说出其名称。

2. 将食物卡片插在小动物爱吃的车厢上。

3. 边插食物卡片边说话，如：小猴爱吃桃子。以此类推。

4. 操作结束后，将食物卡片收起，放回火车头上的盒子中。

指导建议

可根据幼儿的发展水平更换小动物及食物卡片。

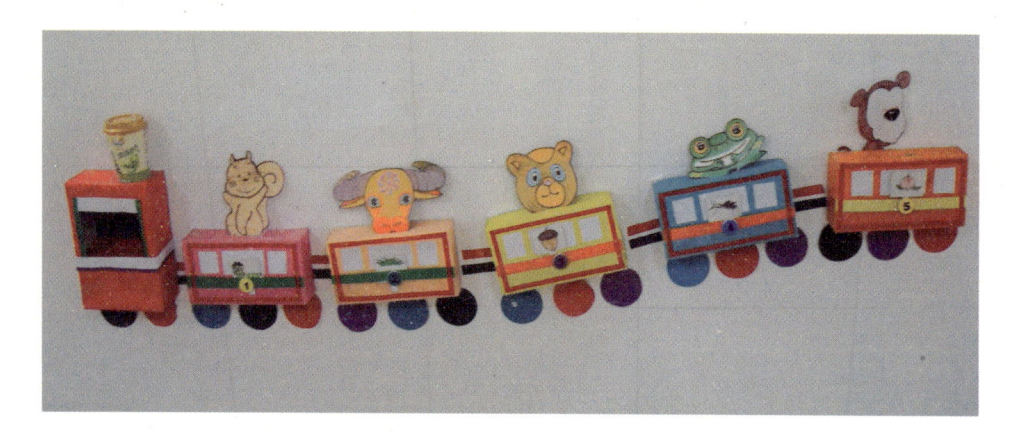

2. 动物爱吃什么

·马嘉曦

活动目标

了解不同动物爱吃的食物。

活动准备

贴有动物图形的瓶盖，贴有各种食物图形的瓶子，小盒子。

操作要点

1. 认识各种动物、食物的名称。
2. 从小盒中取出一个瓶盖，根据瓶盖上的小动物，找到贴有其喜爱的食物图形的瓶子，并旋上瓶盖。
3. 依同样的方法帮助小动物逐一找到爱吃的食物。
4. 操作结束后，将瓶盖旋下放回盒子中。

指导建议

可逐渐增加动物、食物的种类。

3. 它们在哪里

· 游万玲　祖桂枝　马嘉曦

活动目标

了解常见动物的生活环境，并进行分类。

活动准备

动物卡片，配有海陆空背景的纸盒，小碗。

操作要点

1. 取出小动物卡片，说说它们的名称及生活的地方。
2. 将小动物分别放在纸盒中相应的生活环境中。
3. 操作结束后，将小动物整理好放回小碗中。

指导建议

1. 以"帮助小动物找家"的情境导入，激发幼儿的操作兴趣。
2. 可提供海陆空交通工具卡片，引导幼儿进行分类。

科学区·小班

4. 男孩，女孩

· 毛一冉

活动目标

学习根据男孩、女孩的服装特点进行分类。

活动准备

男孩、女孩服装卡片，贴有男孩、女孩标志的展示架，小篮子等。

操作要点

1. 将小篮子里的服装卡片取出，并摆放好。
2. 观察服装图片，说说哪些服装是男孩的，哪些服装是女孩的。
3. 将服装分别挂在有男孩、女孩标志的相应的展示架上。

指导建议

可将服装图片更换成男孩、女孩喜欢的玩具图片等。

科学区 · 小班

5. 小动物找尾巴

·吴端萍

活动目标

学习将动物与其相应的尾巴配对，提高观察能力。

活动准备

各种动物的尾巴和身体卡片，螺丝，皮筋，底板等。

操作要点

1. 观察底板中的图案，帮助小动物找到缺少的尾巴。
2. 用皮筋将小动物和尾巴连线。
3. 操作结束后，将皮筋收到盒子里归位。

指导建议

1. 以"帮助小动物找尾巴"的形式，激发幼儿参与活动的兴趣。
2. 可根据活动内容变换配对的物品，如水果与种子配对等。

6. 变出的泡泡

·祖桂枝

活动目标

感知泡泡水、苏打水、矿泉水摇动后的变化，对科学小实验感兴趣。

活动准备

装有泡泡水、苏打水、矿泉水的瓶子若干。

操作要点

1. 将瓶子一一摆放在桌面上。
2. 摇动其中一个瓶子，观察瓶子里水的变化。
3. 依照同样的方法逐一摇动并观察另两个瓶子内水的变化。
4. 将摇动后的瓶子放在桌面上，观察瓶子静止后泡泡的变化。

指导建议

1. 可引导幼儿同时摇动两个瓶子，观察和比较瓶子里泡泡的不同变化。
2. 增加瓶子的数量，让幼儿进行观察、配对。

科学区·小班

7. 变出的画

· 徐秀美

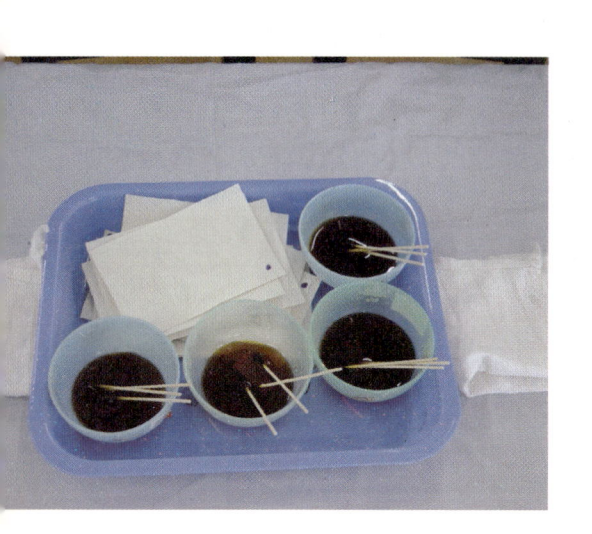

活动目标

1. 感知经过碘酒的涂抹，空白画纸变出图案的神奇现象。
2. 初步掌握按一个方向有序涂抹的方法，提高动手操作能力。

活动准备

空白画纸（事先用糨糊画好图案并晾干），稀释的碘酒，棉签，展示台。

操作要点

1. 取一张空白画纸，平铺在桌面上。
2. 用棉签蘸上适量的碘酒水，从左到右（或从上到下），将整张纸涂满。
3. 观察发现空白画纸变出的

深蓝色的动物图案。

4. 将变出的画黏贴在展示板上，幼儿互相欣赏。

指导建议

1. 提供大小适宜、质地较好的空白画纸，避免涂抹时间太长，纸张被涂烂等现象发生。

2. 引导幼儿用棉签朝同一方向有序地涂抹，以免因涂抹方式不同而影响图案的清晰和完整。

8. 变色的胸牌

·徐秀美

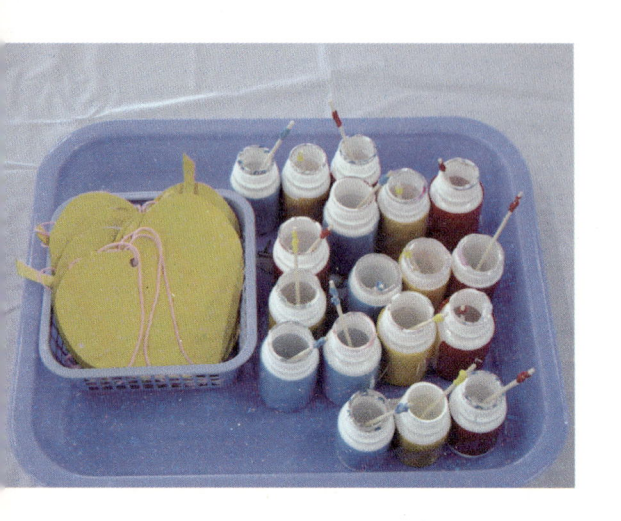

活动目标

1. 通过实验操作，感知胸牌色彩的神奇变化。
2. 掌握按同一方向有序涂抹的方法，提高动手操作能力。

活动准备

1. 在不同形状的胸牌卡片，如心型、花瓣型、小猫型卡片上拼贴PH试纸。
2. 提供醋水（酸性）、香皂水（中性）、洗衣粉水（碱性），分别装在红、黄、蓝三色瓶子中。
3. 棉签（棉签头用红、黄、蓝做好标记），毛巾等。

操作要点

1. 选择自己喜欢的胸牌卡片。

2. 用红色棉签蘸红瓶子里的水，从左到右（或从上到下）涂抹胸牌，观察、发现黄色的胸牌变成红色。

3. 用黄色棉签蘸黄瓶子里的水，按以上方式，继续涂抹胸牌，观察、发现黄色的胸牌变成绿色。

4. 用蓝色棉签蘸蓝瓶子里的水，按以上方式，将胸牌完全涂满，观察、发现黄色的胸牌变成深蓝色。

5. 变色胸牌完成，挂在胸前，同伴间互相欣赏。

指导建议

1. 提醒幼儿涂抹时不能太用力，以免纸张破损。

2. 棉签使用后，放回原来的瓶子里，以免颜色混淆。

3. 边涂抹边观察胸牌的颜色变化。

9. 吸管运水

· 徐秀美

活动目标

感知科学实验现象，锻炼手指的灵活性。

活动准备

鱼缸，吸管，杯子。

操作要点

1. 将吸管插入装有水的鱼缸中。
2. 用一个手指将吸管上方的孔堵住，然后将吸管移至杯子上方。
3. 将手指松开，吸管中的水流出，滴入杯中。
4. 利用吸管不停运水，直至装满杯子。

指导建议

1. 提供有一定硬度，管口大小适宜，便于幼儿操作的吸管。
2. 提供的装水容器，应考虑其稳固性和安全性。

中班

1. 我喜欢吃的蔬菜

·林 娟

活动目标

了解几种常见的蔬菜，知道蔬菜有营养。

活动准备

自制蔬菜八种，对应摆放在大小一致并贴有蔬菜图片的八个铁罐里；相应的熟食盘菜图片八张，盘子八个，玩具炒锅、铲子、夹子。

操作要点

1. 从盒子夹出一种蔬菜，放在炒锅里翻炒。
2. 盛入盘子中，摆放在与蔬菜相应的熟食盘菜图片旁。
3. 依此法操作其他蔬菜。
4. 引导幼儿说说蔬菜与人体健康的关系。

指导建议

操作前进行"我喜欢吃的蔬菜"问卷调查，有针对性地提供相应的蔬菜。

2. 秋季小贴士

· 林 娟

活动目标

了解秋季气候特征，初步掌握秋季自我保健的方法。

活动准备

秋季服装、护肤品、食物、运动图片若干，盒子两个，操作区设置如图。

操作要点

1. 观察底板上所展示的"衣服、头像、小嘴、太阳"四个图标。
2. 了解四个图标分别代表秋季服装、护肤品、食物和运动。
3. 将盒子里有关秋季的图片散放在底板的空白区。

科学区 · 中班

4. 辨认图片中物品名称及其作用，并将其摆放在相对应的底板图标下的空白栏中。

5. 引导幼儿从秋季着装、护肤品、饮食、运动等方面讲述自我保健的方法。

6. 操作结束后，将图片装回盒子里。

指导建议

1. 可由两名幼儿共同操作，互相交流。
2. 根据四季变化，可改为"冬季小贴士"、"夏季小贴士"等。

3. 找一找

·林 娟

活动目标

巩固认识常见水果，了解水果的切面。

活动准备

各种水果及其切面图，彩色牛筋，螺丝，万通板。

操作要点

1. 观察各种水果切面的形状、特征。
2. 用牛筋将水果与其相应的切面图连起来。
3. 操作结束后，将切面图一端的牛筋松开。

指导建议

可选择1/2、1/4等不同类型的水果切面，引导幼儿从不同的角度进行观察。

4. 害虫与益虫

·林 娟

活动目标

认识常见的害虫和益虫，尝试进行分类练习。

活动准备

害虫和益虫图片若干，盒子，操作区域设置如图。

操作要点

1. 从盒子中逐一取出昆虫图片。
2. 说出昆虫的名称并辨认其习性（害虫或益虫）。
3. 将昆虫图片摆放在相应的分类区域里。

指导建议

1. 根据班级开展的主题活动，投放相应的昆虫图片。
2. 引导幼儿边操作边说一说该昆虫的相关信息。

科学区·中班

5. 镜子的游戏

·徐秀美

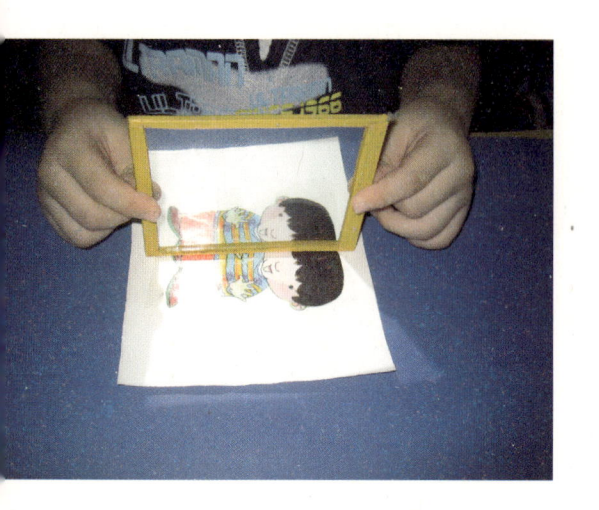

活动目标

了解镜子成像的特性。

活动准备

人物底图（半面），多面镜子（镜子的四周用胶带或即贴纸包边），动物玩具等。

操作要点

1. 取一面镜子，看看、摸摸镜中的自己，欣赏自己的脸部表情。
2. 将人物底图平放在桌面，取一面镜子竖立在底图上，观察镜子中变出另一半人物形象。
3. 取两面镜子成直角摆放，在镜子夹角处放一样动物玩具，观察镜中动物的数量。移动镜子使其夹角角度发生变化，进一步观察镜子中动物数量的变化。

指导建议

1. 一面镜子的操作实验，适宜小班开展。
2. 两面镜子的操作实验适宜中大班开展。可设计相应的记录表格，引导幼儿边观察边记录，进一步感知、发现"镜子角度变小动物数量变多了"的现象。

6. 有趣的声响

·苏 静

活动目标

练习配对，发展听觉分辨能力。

活动准备

绘制各种物品（水、沙子、石子、绿豆、花生）底图，装有各种物品的小瓶子。

操作要点

1. 仔细观察底图中的各种材料，并说出它们的名称。
2. 逐一摇晃小瓶子，仔细倾听其声响，分辨瓶子里的材料。
3. 将瓶子与图片一一对应摆放。
4. 打开瓶子，自我检验正确与否。

指导建议

1. 可选择颗粒大小不同的物品。
2. 可定期调整物品，逐渐使其发出的声响相近，以增加难度。

7. 空气顶书

·徐秀美

活动目标

1. 感知空气压力的存在及其神奇的力量。
2. 学会按图示有步骤地进行实验活动。

活动准备

保鲜袋，吸管，橡皮筋，书。

操作要点

1. 将吸管伸入保鲜袋中，用橡皮筋扎紧袋口（成人协助）。
2. 通过吸管往袋中吹气，观察袋子膨胀的现象。
3. 将放气后的袋子平放在桌面上，上面压置较厚的书籍，朝吸管内吹气，观察书慢慢被气袋顶起的现象。

指导建议

1. 幼儿肺活量小，应提供符合卫生标准的小号保鲜袋。
2. 袋子与吸管（软质的）的衔接处要封好，避免漏气。
3. 提供多本书籍，幼儿可自选所顶的书的数量。
4. 可引导幼儿合作玩顶书、顶积木、顶箱子等游戏。

科学区·中班

8. 螺旋桨转起来

·祖桂枝

活动目标

对螺旋桨旋转现象感兴趣，能根据示意图组装螺旋桨。

活动准备

纸筒，皮筋，纽扣，纸片，牙签，螺旋桨组装步骤示意图。

操作要点

1. 取出制作螺旋桨的材料。
2. 观察示意图，按步骤组装螺旋桨。
3. 连续转动叶片若干次后放手，让螺旋桨转起来。

指导建议

1. 活动前可引导幼儿熟悉组装材料。
2. 引导幼儿观察操作示意图，探索螺旋桨的组装方法。
3. 提醒幼儿转动螺旋桨叶片时应朝一个方向连续进行。

9. 有趣的皮筋琴

·马嘉曦

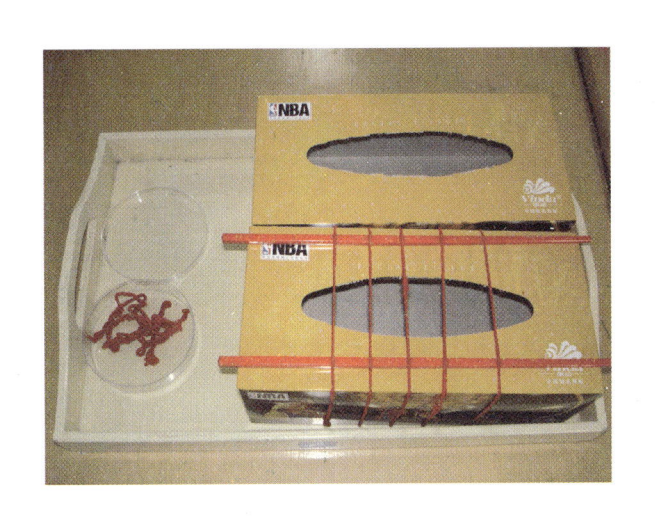

活动目标

学习制作皮筋琴，体验科学小制作的乐趣。

活动准备

纸巾盒，筷子，橡皮筋等。

操作要点

1. 将橡皮筋等距离一一套在盒子上。
2. 将两根筷子从皮筋下穿过，分别置于盒子的两端。
3. 拨动皮筋，倾听皮筋琴发出的声音。
4. 将皮筋解下，放回托盘。

指导建议

可尝试使用大小、材质不同的盒子制作皮筋琴，感受不同的声音。

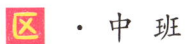

10. 奇妙的变化

·吴端萍

活动目标

1. 感知不同液体混合产生的变化，对科学现象感兴趣。
2. 能使用记录卡记录观察到的现象。

活动准备

用滴管瓶分别装上醋、水、香皂水并标上数字记号，PH试纸，棉签若干，记录卡，湿布。

操作要点

1. 用棉签蘸1号容器中的液体，涂在PH试纸上，观察其颜色的变化。
2. 选择与变化结果相同颜色的彩笔，在记录卡相应的位置涂上颜色。
3. 依照同样的方法完成2号、3号容器的操作与观察记录。
4. 操作后将材料归位，用湿布将记录表擦干净。

指导建议

1. 引导幼儿观察、讨论记录表的使用方法。
2. 鼓励幼儿与老师、同伴分享自己的发现。

11. 有趣的沙漏

·吴端萍

活动目标

1. 观察、发现沙子漏出速度快慢的原因。
2. 正确使用记录卡。

活动准备

自制沙漏三个，记录表一张，水彩笔，湿布。

操作要点

1. 将三个沙漏同时倒置，观察沙漏出的速度。
2. 观察沙漏漏口的大小。
3. 在记录卡上记录自己的发现。
4. 将材料归位，用湿布将记录表擦干净。

指导建议

1. 可用不同颜色的彩沙制作沙漏，便于幼儿观察和记录。
2. 操作前引导幼儿了解记录卡的使用方法。

科学区·中班　87

1. 天气预报

大班

・何圣予

活动目标

能根据图画判断相应的天气，理解气象符号代表的含义。

活动准备

表示不同天气的图卡，相对应的气象符号卡（背面有符号与文字）。

操作要点

1. 逐一将天气图卡摆成一纵列。
2. 将气象符号卡散放。
3. 逐一观察天气图卡判断天气状况，找到相应的气象符号卡进行配对。
4. 配对完成后，将符号卡翻到背面，通过文字自检配对是否正确。

指导建议

鼓励幼儿用自己的语言说说画面上的内容，如："下雪了，小朋友出来堆雪人啦。"

2. 汽车标识配对

· 马嘉曦

活动目标

1. 认识常见的汽车标识。
2. 学习一一对应摆放。

活动准备

车标底图，相应车标图卡，车标名称字卡，盒子。

操作要点

1. 指认底图图片上的各种汽车标识。
2. 找出与底图相同的车标图卡并对应摆放。
3. 找出车标名称字卡与车标图卡对应摆放。
4. 操作结束后，将车标字卡与图卡分别收放好。

指导建议

1. 定期丰富车标种类。
2. 可引导幼儿学画一些简单的车标。

科学区 · 大班

3. 四季转盘

·吴端萍

活动目标

1. 了解四季主要特征，能将物品按季节进行分类。
2. 感受与同伴合作游戏的乐趣。

活动准备

四季转盘，不同季节的物品图片各6-8张，小盒子。

操作要点

1. 将四季物品图片从盒中取出，一一散放在桌面。
2. 一名幼儿转动指针，让其停在转盘的任意位置上。
3. 另一名幼儿根据指针的位置，寻找与这一季节相对应的物品放入转盘中。
4. 双方交换进行操作。
5. 操作后将材料归位。

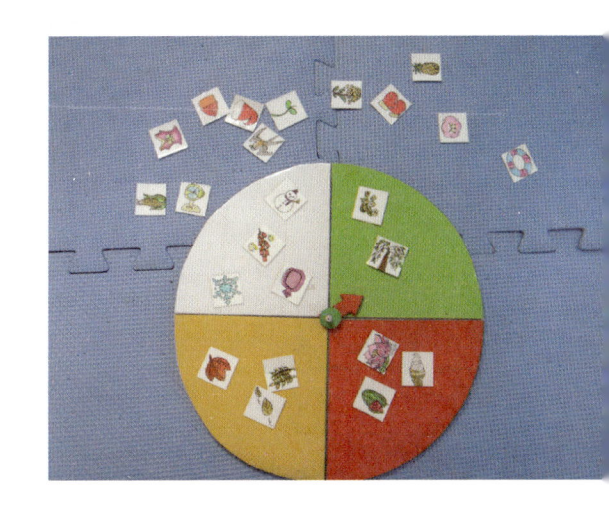

指导建议

1. 操作前可引导幼儿根据已有的经验，讨论转盘上不同颜色所代表的季节。
2. 可定期丰富图片内容，增加操作难度。

科学区·大班

4. 光影变化

·何维光

活动目标

初步了解光源远近与影像的关系，体验实验的乐趣。

活动准备

手电筒，底板纸，各色窗花纸片等。

操作要点

1. 将底板纸平放在操作台上。
2. 左手持一张窗花纸平行悬空于底板纸上方，右手持手电筒，从上往下垂直向窗花纸照射，在底板纸上映出窗花纸的影子。
3. 不断调整窗花纸的高度，找出使影像最清晰的距离，感知光源远近与影像的关系。

指导建议

1. 引导幼儿调整窗花纸和手电筒的高度，观赏不同效果的影像。
2. 尽可能选择较黑暗的地方，或拉上四周窗帘，更易于幼儿观察。

5. 会变色的水

· 苏 静

活动目标

能根据操作示意图独立进行小实验，观察并发现水加入不同实验材料后颜色的变化。

活动准备

醋，水，酚酞，实验杯，废水杯，操作示意图，毛巾等。

操作要点

1. 分辨实验材料，观察操作示意图，了解实验步骤。
2. 按照操作示意图，在相应的实验杯内放入一定数量的实验材料进行实验操作。
3. 在实验操作过程中观察有趣的颜色变化。
4. 操作结束后，清洗实验杯等，并将物品归位，用毛巾擦拭双手。

指导建议

可为幼儿提供观察记录表，引导幼儿及时记录观察发现的现象。

科学区 · 大班

6. 会跳舞的蛋壳

·苏 静

活动目标

能按操作示意图进行小实验，持续观察碎蛋壳在实验过程中的变化。

活动准备

碳酸氢钠（小苏打），碎蛋壳，醋，水，吸管，实验杯（标上控制线），操作示意图，毛巾等。

操作要点

1. 了解实验材料，观察操作示意图。
2. 根据操作示意图按实验步骤进行操作。
3. 仔细观察吸管搅拌前后实验杯里发生的变化。
4. 操作结束后，清洗实验杯等器具，并将物品归位，用毛巾擦拭双手。

指导建议

1. 提醒幼儿实验的材料不能随意品尝。
2. 可为幼儿提供观察记录表，引导幼儿将观察到的现象用图画的形式做记录。

科学区 · 大班

7. 哪种纸容易湿

· 何维光

活动目标

初步感知不同材质的纸吸水性不同，体验探索的乐趣。

活动准备

玻璃杯，红色的水，各种纸（蜡光纸、图画纸、牛皮纸、餐巾纸、卡纸等），记录单，记录笔等。

操作要点

1. 在装有红色水的玻璃杯里，同时放入任意选取的两种纸，进行第一轮比较。
2. 观察片刻，找出相对湿的纸。
3. 再选取另一种纸，与第一轮相对湿的纸进行第二轮比较，确定哪种纸更湿。
4. 以此类推，最后找出最易湿的纸，并在其对应的记录单格子下方标注"1"。
5. 用数字1-5将观察结果（最易湿至最不易湿的排名顺序）记录在表格里。

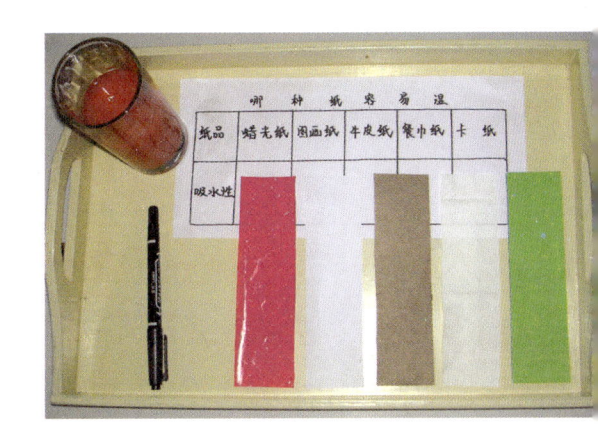

指导建议

1. 提醒幼儿在操作过程中保持操作台的清洁。
2. 可进一步更换实验材料，如各种布料，进行观察、比较和记录。

科学区 · 大班

8. 有趣的过滤

·苏 静

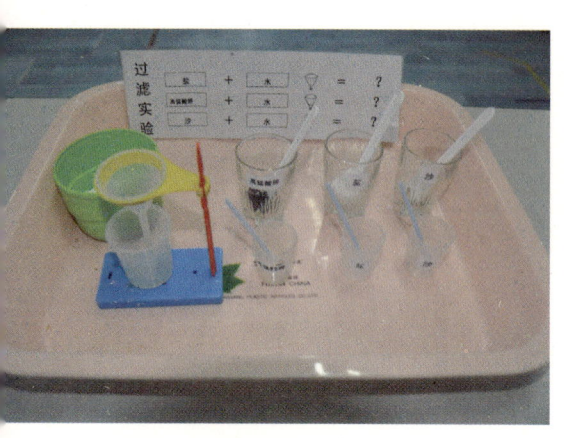

活动目标

了解各种实验材料的性质，感知溶解。

活动准备

过滤纸，过滤器，高锰酸钾，沙，盐，实验杯，废水杯，吸管，操作示意图，毛巾等。

操作要点

1. 观察高锰酸钾、沙、盐三种实验材料的颜色、形态。
2. 按照操作示意图，分别将三种实验材料放入实验杯，加水搅拌，观察实验材料是否会溶解。
3. 进行过滤操作，验证三种实验材料是否会溶解。
4. 操作结束后，清洗实验器皿，并将物品归位，用毛巾擦拭双手。

指导建议

1. 进行过滤操作时，提醒幼儿控制动作幅度与倒入溶液的速度。
2. 可增加不同的可溶解与不可溶解的实验材料，引导幼儿通过操作进一步感知溶解，了解不同实验材料的性质。

9. 看谁爬得快

·宋菲燕

活动目标

1. 观察粗细不同的小棍绕线圈数的不同，初步感知周长。
2. 体验科学观察、发现、记录的乐趣。

活动准备

粗细不同的小棍，动物玩偶，线，房子模型，记录表等。

操作要点

1. 观察三根棍子的不同，猜猜哪只小动物先到家。
2. 旋动棍子，看哪一只小动物先到达第三层。观察此时三只动物所处位置的高低，以及粗细不同的棍子上绕线的圈数。
3. 按小动物高低的顺序（即小动物快慢顺序），依次找出它们对应的棍子，并在记录表上用符号标注。

科学区·大班

指导建议

1. 活动前可提供不同粗细的小棍、线等，通过绕线游戏初步感知棍子粗细与周长长短的关系。

2. 可进一步引导幼儿理解活动原理：同等距离或长度的线，粗的小棍绕的圈数少，快到达；细的小棍绕的圈多，慢到达。

10. 找平衡

·朱丽芬

活动目标

尝试寻找物体的平衡点，让图卡在指尖上站立，体验实验的乐趣。

活动准备

小鸟图卡，回形针，记录表等。

操作要点

1. 根据记录卡上的提示，逐一尝试将回形针夹在小鸟身体的不同部位，观察能否让小鸟在指尖上站住。
2. 用 "√" 和 "×" 的符号来记录实验结果。

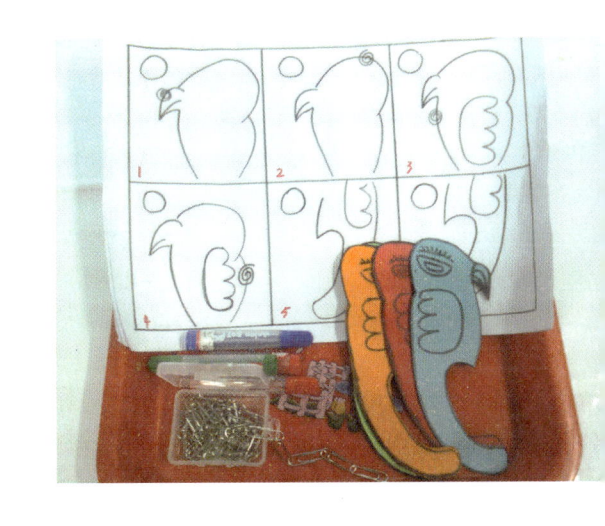

指导建议

1. 当幼儿寻找到最佳的平衡点时，还可引导幼儿尝试增加回形针的数量，进一步探究重力与平衡之间的关系。
2. 引导幼儿根据相同原理，继续探究如何让笔、尺子等物体在指尖上站立。

科学区 · 大班

11. 指尖上的小企鹅

· 吴端萍

活动目标

1. 探索让小企鹅在指尖上保持平衡的方法，体验活动的乐趣。
2. 能用简单的方法进行观察、记录。

活动准备

小企鹅图卡（背面贴上小木棍与小铁钩），大回形针，小夹子，泡沫花片，圆环纸片，过塑后的记录表，湿布。

操作要点

1. 将小夹子挂在小企鹅两边的铁钩上，观察立在指尖上的小企鹅是否平衡。
2. 记录观察结果。
3. 依照同样的方法尝试操作不同的材料，让小企鹅在指尖上保持平衡。

4. 操作后将材料归位，并用湿布将记录表擦干净。

指导建议

1. 活动前引导幼儿观察操作材料，了解材料的名称及特征。

2. 以"小企鹅表演杂技"的形式，激发幼儿的探索愿望。

3. 鼓励幼儿尝试操作多种材料，并用自己喜欢的方式记录操作结果。

12. 会滚动的小熊

·朱丽芬

活动目标

1. 学习看图示制作滚动的小熊。
2. 观察物体在不同高度的斜坡上滚动的速度，体验实验的乐趣。

活动准备

白纸，彩笔，固体胶，操作示意图，二号电池，积木，木板等。

操作要点

1. 剪一剪：沿着白纸上画好的虚线剪下"十"字形阴影部分。
2. 贴一贴：将二号电池放在"十"字形白纸的中间，把电池包在里面，并用胶粘牢。

3. 画一画：用彩笔在电池的一面画出小熊的样子，再将小熊的手和脚粘上去。

4. 玩一玩：将小熊放在不同高度的斜坡上，观察小熊滚动的速度变化。

指导建议

1. 提示幼儿应将电池牢固地包好，以防在滚动过程中脱落。

2. 可提供记录表，引导幼儿观察记录小熊在不同高度的斜坡上滚动速度的快慢。

13. 吹出的怪兽

·徐秀美

活动目标

1. 感知空气压力的存在及其神奇的力量。
2. 学会按图示有步骤地进行实验活动。

活动准备

一次性纸杯，保鲜袋，油性笔。

操作要点

1. 在保鲜袋上用油性笔画出怪兽的形象。
2. 将吸管伸入袋中，用透明胶粘捆，使其完全密封。
3. 将纸杯盖子用透明胶固定在纸杯口上，并装饰杯子。
4. 将插了吸管的"怪兽"保鲜袋从纸杯上的小孔（事先挖好）中塞入。
5. 用嘴往吸管中吹气，使袋子膨胀，"怪兽"会掀开盖子跳出来。

指导建议

1. 老师在吸管密封、粘贴盖子等环节给予适时帮助。
2. "怪兽"露不出来时，引导幼儿对材料进行调整。如："怪兽"出口处加大，吸管不能伸入太深，盖子与杯子不能粘合太紧等。

14. 能干的吸盘钩

·徐秀美

活动目标

1. 探究吸盘钩的力量与所吸附的物体表面光滑度之间的关系。
2. 学会用数据记录自己的探究发现。

活动准备

1. 材料准备：吸盘钩、沙袋、记录表、笔。
2. 环境要求：有较大面积的瓷砖墙、玻璃窗、木制门。

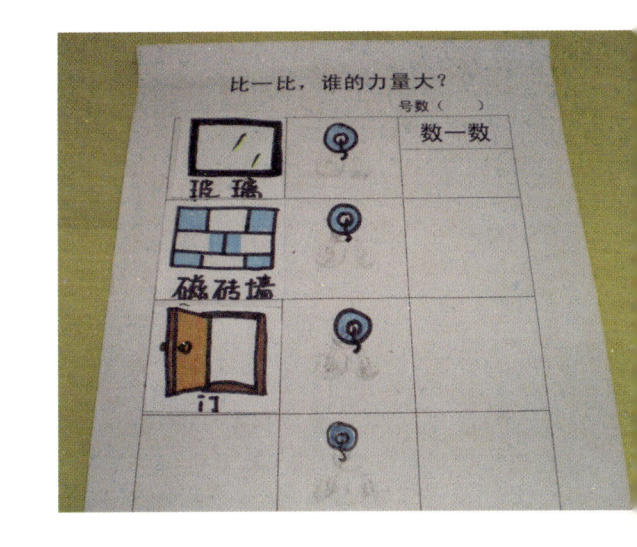

操作要点

1. 观察记录表左侧栏目里所提示的实验对象：瓷砖墙、玻璃窗、木制门。
2. 将吸盘钩先吸附在瓷砖墙上，并逐一往上加沙袋。每挂上一个沙袋就在记录表中间一栏画个沙袋，直至吸盘钩因超过承受极限而掉落。

科学区·大班

3. 统计吸盘钩沙袋的数量，并在记录表右侧栏目中记录相应的数字。
4. 按同一方法，继续将吸盘钩分别吸附在玻璃窗、木制门上，并进行统计。
5. 比较吸盘钩吸附在瓷砖墙、玻璃窗、木制门上所承受的沙袋数量，发现结果：吸盘钩吸附在光滑物体上承受力最强。

指导建议

1. 引导幼儿选择其他的实验对象进行拓展实验，如黑板、桌子、钢琴等。
2. 幼儿两人一组，合作探究。
3. 对操作、记录能力弱的幼儿给予适时的帮助。
4. 可提供大小不同的吸盘钩进行比较性探究。

数学区

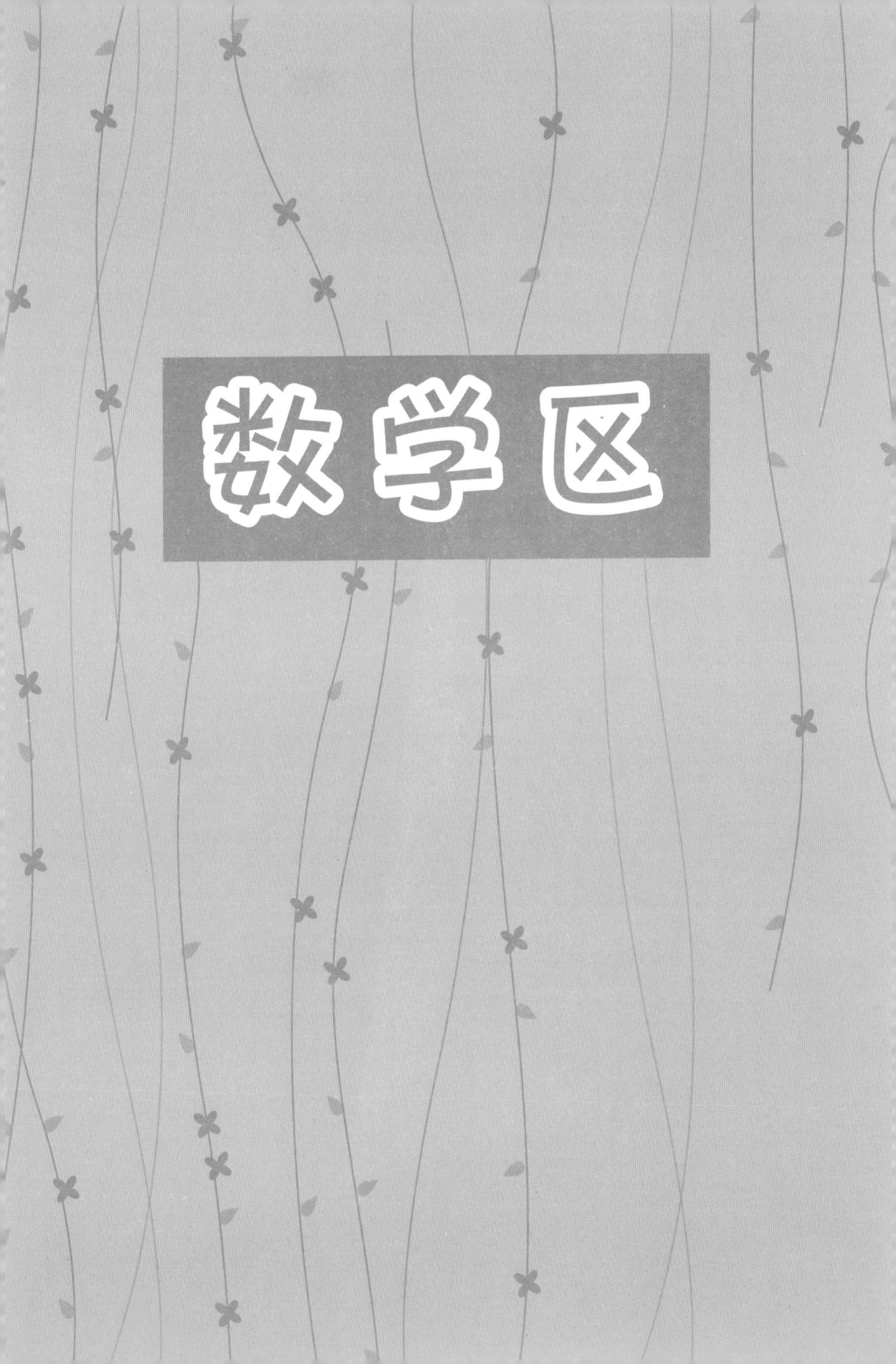

1. 鞋子找朋友

小班 → → →

·祖桂枝

活动目标

1. 能将鞋子图片正确配对。
2. 感知鞋子大小的顺序变化。

活动准备

贴有鞋子图片的三块底图板，与底图相对应的鞋子图片。

操作要点

1. 将底图板和鞋子图片摆放好。
2. 观察底图中鞋子图案、大小的不同。
3. 逐一找出与其图案、大小相应的鞋子图片进行配对摆放。
4. 操作结束，将材料归位。

指导建议

1. 引导幼儿感受鞋子大小顺序的变化。
2. 可适当增加鞋子图片的数量与种类。

2. 找影子

·毛一冉

活动目标

能将图片与影子配对，提高观察能力。

活动准备

贴有各种动物影子的磁性背景图，动物磁性图片若干，小篮子。

操作要点

1. 看一看，说一说底图上的影子。

2. 从小篮子中找出与动物影子相对应的动物图片，吸附在动物影子上。

3. 操作结束后，将动物图片取下，放回小篮子中。

指导建议

可更换背景图，进行新一轮配对。

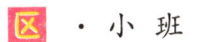

数学区·小班

3. 彩瓶配对

·宁杨静

活动目标

学会对应排列，加深对颜色的认识。

活动准备

彩色水瓶10个，彩色底板5个，小篮子2个。

操作要点

1. 将篮子中的彩瓶散放，欣赏它们的不同颜色。
2. 从托盘中取出其中1片彩色底板，找出与之颜色相同的2个彩瓶，插入底板中。
3. 按此方法依次取出托盘里的其他底板进行操作练习。

指导建议

1. 可增加彩瓶和底板的颜色。
2. 可加入文字卡片进行文字与彩瓶配对练习。

4. 表情对对碰

·彭如玲

活动目标

学习从色彩、形状、表情三方面同时进行配对。

活动准备

表情底图一张，四种颜色的圆形和方形表情小人图章，两个小篮子等。

操作要点

1. 将两个篮子从托盘中取出并排放好。
2. 随意取一个表情小人图章，观察其色彩、形状及表情，如红色的圆形笑脸。
3. 在底图上仔细寻找相同的表情小人图，将图章对准摆放在上面。
4. 依次将所有的表情小人摆放在正确的位置。

指导建议

1. 此活动要在幼儿认识形状和颜色的经验基础上开展。
2. 引导幼儿仔细观察两个篮子的不同，一个装圆形图章，一个装方形图章，并提醒幼儿归类收放材料。

5. 有趣的嵌盒

·马嘉曦

活动目标

感知不同形状的图形,提高对应能力。

活动准备

嵌盒,纸浆制成的各种图形若干。

操作要点

1. 观察各种图形的形状和颜色。
2. 用二指捏的方法,把图形逐一放入相对应的嵌盒中。
3. 操作结束后,将材料收放回盒内。

指导建议

可更换嵌盒,并增加图形的种类。

数学区 · 小班

6. 喂小动物

· 吴端萍

活动目标

进一步感知三角形、圆形、正方形，并能将图形正确分类。

活动准备

大小和颜色不一的三角形、圆形和正方形动物图形盒各一个。

操作要点

1. 将动物图形盒从托盘中取出，摆放在桌上。
2. 辨认并说出各种动物图形盒上小动物嘴巴的形状。
3. 依次从小盒子里找出与小动物嘴巴形状相同的图形，并放入盒中。
4. 将图形归位，反复操作。

指导建议

根据幼儿的发展水平和操作情况，可适当增加图形的种类、颜色。

数学区 · 小班

7. 苹果火车

· 毛一冉

活动目标

能按物体的大小进行排序、对应。

活动准备

火车底图，从大到小的苹果图案五个，小篮子等。

操作要点

1. 从小篮中取出苹果图卡散放。
2. 观察苹果图卡大小，并按从大到小的顺序排列。
3. 将苹果图卡一一对应放在火车车厢上。

指导建议

1. 可根据幼儿水平增加苹果图卡的数量。
2. 可将苹果换成其他物品，进一步激发幼儿的操作兴趣。

8. 美丽的花

·郑景云

活动目标

能按从大到小的顺序摆放花片，感受不同颜色花片的美。

活动准备

大小、颜色不一的圆形花片若干，画有花枝的底板。

操作要点

1. 从盒子中取出大小不同的花片并散放。
2. 比较花片的大小，按从大到小的顺序有序摆放。
3. 按从大到小的顺序，依次将花片重叠摆放在花枝上，组合成一朵美丽的花。

指导建议

1. 可提供不同造型的花片，进行搭配摆放。如，将圆形与三角形按照大小顺序组合搭配。
2. 可在花枝上黏贴 1—10 的数字，然后取出相应数量的花片进行有规律摆放。

数学区·小班

9. 触觉箱

·何圣予

活动目标

1. 感知各种物品的质感,发展触觉敏感性。
2. 学习运用"硬"、"柔软"、"光滑"、"毛茸茸"等词汇表达感知。

活动准备

自制触觉箱,内挂衣服刷、毛线球、乒乓球、浴球等不同质感的物品。

操作要点

1. 将手伸进触觉箱,摸摸箱子的内部,感知垂挂的各种物品的质感,并用语言表达:毛茸茸、光滑、有弹力等。
2. 继续感知箱子四壁张贴的地毯、蜡光纸等物品的质感,用语言表达感知。
3. 与同伴交流、分享触摸的感觉,体验玩触觉箱的乐趣。

指导建议

1. 小班幼儿对于隐藏起来的东西尤为好奇，教师应事先交代规则，并在触摸口上垂下遮帘，排除幼儿触摸时的视觉干扰。
2. 可将操作进行延伸，提供多组相同物品，请幼儿在触摸的基础上进行配对。

10. 香囊配对

·吴端萍

活动目标

练习配对，提高嗅觉能力。

活动准备

自制香囊三组（每组一对，每对气味和底部标志相同），托盘等。

操作要点

1. 将托盘中的香囊逐一取出观赏，并根据香囊所系丝带的颜色分成两队摆放。

2. 从其中一队中取出一个香囊闻一闻，再从另一队中找出与之气味相同的香囊摆放在一起。

3. 依照同样的方法，将其余的两组配对、摆放在一起。

4. 查看每一对香囊的底部进行自检，标志相同即配对正确，反之则说明操作有误。

5. 操作结束后，将香囊逐一放回托盘中。

指导建议

1. 引导幼儿掌握正确的闻香方法。

2. 根据幼儿的水平，适当增减香囊的数量。

3. 可选择不同气味的香皂、干花等作为香囊的填充物，并定期检查更换。

11. 数字粘扣

· 林 娟

活动目标

按数取物,感知5以内数的概念。

活动准备

底板:数字、粘扣、情境图(1座小楼房、2片荷叶、1个大篮子、4朵花、5个小碗);图片粘扣:1个小女孩、2只青蛙、3个萝卜、4只蜜蜂、5把勺子;小篮子。

操作要点

1. 将篮子里的图片粘扣散放在草席上。
2. 取出底板1,观察画面情境(房子),找出与情境相对应的图片粘扣(1个小姑娘)。
3. 依据底板1所标示的数字,将相同数量的图片粘扣(1个小姑娘),对应粘扣在底板上(房子开窗的位置)。
4. 依此方法完成底板2、3、4、5的操作。
5. 结束工作后将图片粘扣取下,收入篮子里。

指导建议

可根据幼儿的发展水平,进行10以内数的练习。

12. 数一数，插一插

·吴端萍

活动目标

能根据相应数字，感知5以内的数。

活动准备

太空船造型墙饰，5以内数字卡片，5以内实物图卡（背面标有相应的数字）。

操作要点

1. 逐一认读数字卡片，并将卡片一一插入星星上相应数字下的插袋中。

2. 数一数实物图卡上物体的数量，将之插入相应数字下的插袋中。

3. 查看实物图卡背面的数字，检验操作结果。

4. 操作结束后，将实物图卡归回原位。

指导建议

可更换实物图卡内容或增加圆点数量卡。

13. 蝴蝶找花

·游万玲

活动目标

能进行5以内的数物对应。

活动准备

配有数字的花及有相应圆点的蝴蝶。

操作要点

1. 观察花朵上的数字。
2. 将花朵按数字1-5的顺序排列。
3. 点数蝴蝶翅膀上的圆点数量,并与花上相应的数字配对。

指导建议

1. 可提供不同材料,引导幼儿进行数物对应。
2. 在进行数物对应的同时,可渗透夹、插等动作练习。

14. 小树排队

·祖桂枝

活动目标

1. 能按树木的粗细进行排序。
2. 感知5以内的数。

活动准备

贴有数字1-5的底板，粗细不同的树图卡5张，苹果图卡若干。

操作要点

1. 取出底板和树木，观察底板上的数字及树木粗细。
2. 将树木按粗细进行排序，并摆放在对应的数字底板上。
3. 按底板上的数字，在树上摆放相应数量的苹果。

指导建议

引导幼儿根据树木的粗细进行顺、逆向排序。

数学区·小班

15. 摆图形

·宁杨静

活动目标

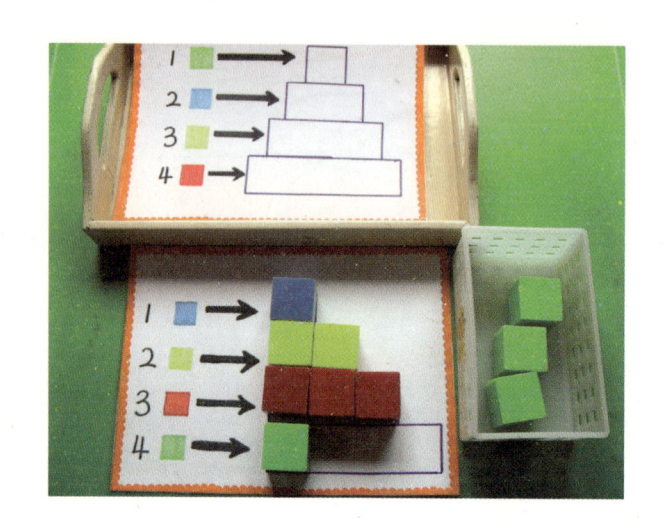

感知5以内的数量，能根据图示对应摆放。

活动准备

彩色方块10个，底图3张，篮子1个。

操作要点

1. 从托盘中取出其中一张底图，从上往下观察图中的数字及颜色。
2. 依次找出与图片上颜色相同的方块，根据所提示的数字进行摆放。
3. 按此方法取出托盘里的其他底图进行操作练习。

指导建议

可根据幼儿实际水平变换底图，并增加方块的数量。

中班

1. 七个阿姨来摘果

·祖桂枝

活动目标

能按数取物，巩固 7 以内的数的概念。

活动准备

标有数字 1-7 的盘子 7 个，水果图卡若干（苹果 1 个、葡萄 2 串、石榴 3 个、柿子 4 个、李子 5 个、栗子 6 个、梨 7 个）。

操作要点

1. 将盘子按数字大小顺序排列好。

2. 将水果散放，观察水果的种类。

3. 结合儿歌《七个阿姨来摘果》，将各种水果逐一摆放在标有相应数字的盘子中。

指导建议

1. 鼓励幼儿边念儿歌边操作。
2. 指导幼儿进行自我检验。

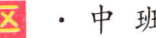

数学区·中班

2. 种小树

·宁杨静

活动目标

理解6-10数的实际意义。

活动准备

贴有6-10个水果贴图的塑料小树，塑料数字6-10，塑料插板5个，小碗3个。

操作要点

1. 依次将6-10的数字摆放在塑料插板上。
2. 将小树散放，观察、点数小树上水果的个数。
3. 将小树插在相应数字的塑料插板上。
4. 根据小树背面的数字序号检验是否正确。

指导建议

可根据需要更换小树上的水果贴纸，增强幼儿操作的兴趣。

3. 打电话

·林 娟

活动目标

巩固对 10 以内数的认识，体验打电话游戏的乐趣。

活动准备

自制电话 2 部，打电话人物图卡数张，电话号码及 0-10 的数字若干。

操作要点

1. 选择打电话的对象，将其电话号码摆放在透明插袋里。
2. 取下自制电话，拨打相应的电话号码。
3. 拨打其他的电话号码。

指导建议

可提供白纸与笔，引导幼儿自己书写出想要拨打的电话号码。

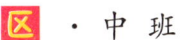

数学区·中班

4. 找车牌号

·祖桂枝

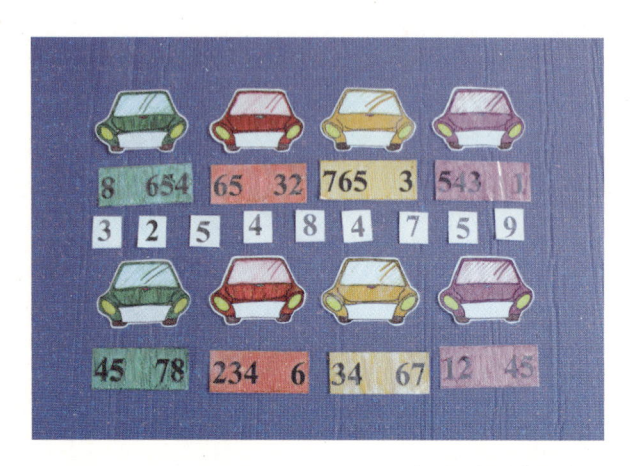

活动目标

1. 能根据排序规律找出车牌缺少的数字。
2. 进一步感知数学在生活中的运用。

活动准备

不同颜色的汽车图卡8张，相应颜色的车牌号，数字卡。

操作要点

1. 取出汽车卡片并散放，观察汽车的颜色。
2. 出示车牌，根据颜色找到相应的汽车并摆放好。
3. 观察车牌的数字，根据排序规律找出车牌中缺少的数字，补上正确的数字卡。

指导建议

可增加难度，如增加汽车、车牌的数量，减少车牌上的数字等，让幼儿进一步操作。

5. 上车

·宁杨静

活动目标

理解7以内序数的意义，锻炼细致观察的能力。

活动准备

小玩偶7个，磁性小玩偶7个，磁性箭头标志1个，汽车磁性板1块。

操作要点

1. 向幼儿介绍汽车磁性板及小玩偶。
2. 将7个小玩偶随机摆放在汽车磁性板旁边。
3. 从盒子里取出7个磁性小玩偶，从左到右逐一摆放在汽车磁性板上的车窗里。
4. 将磁性箭头标志放在汽车磁性板车窗下的红短线上，伸出食指点数车窗内的磁性小玩偶。
5. 根据车窗下方格子里的序数提示，仔细观察、点数车

数学区 · 中班

窗内的相应序数的磁性小玩偶，并从旁边的实物小玩偶中寻找相应的小玩偶放在格子里。

6. 改变磁性箭头标志方向（从右往左），重新开始操作练习。

指导建议

可引导幼儿将磁性小玩偶重新摆放在车窗里，使其位置与前一次摆放不同，再玩一次。

6. 摆扣子

·宁杨静

活动目标

了解10以内序数的意义，能根据数字卡摆扣子。

活动准备

扣子10个（其中一个为蓝色，其余均为红色），数字卡3个，小碗1个。

操作要点

1. 介绍数字卡及扣子。
2. 将所有扣子散放在草席上。
3. 取出其中的一张数字卡摆放好。
4. 根据数字卡上的数字依次摆放扣子（如：数字卡是5，先依次摆放4个红色的扣子，接着将蓝色的扣子摆在第5的位置上，最后将剩余的红扣子依次摆好）。
5. 将数字卡放在蓝色扣子下方，手口一致地点数验证蓝色扣子的序数位置是否正确。
6. 以同样方法取出不同数字卡进行操作练习。

指导建议

可引导幼儿从上至下、从右到左或斜着摆放。

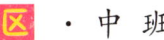

7. 小动物找家

·林 琼

活动目标

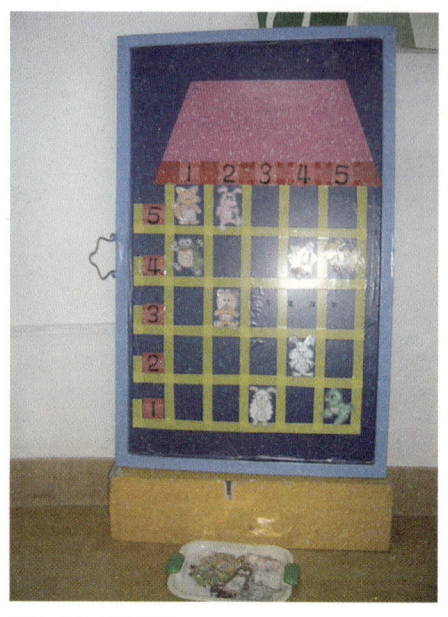

1. 理解门牌号表示的楼层与房号。
2. 巩固5以内的二维序数。

活动准备

楼房图（贴在废旧黑板上），25只身上贴有门牌号的小动物（背面粘贴小磁块）。

操作要点

1. 从盘子里取1只小动物，观察、理解小动物身上的门牌号（如501）所表示的楼层与房号。
2. 根据小动物身上的门牌号，观察楼房横向与纵向的序号，将其摆放到相应的房间。
3. 操作结束后将小动物放回盘子里。

指导建议

1. 根据幼儿的发展水平，可增加楼层数与房间数。
2. 也可在楼房图上隐去序号，由幼儿自己判断正确的位置。

8. 信 箱

·林 娟

活动目标

学习 10 以内的二维序数，锻炼思维能力。

活动准备

信箱底图，写有门牌号的 81 封信，盒子。

操作要点

1. 取出一封信，观察信封上的门牌号。
2. 将信件摆放在相对应的信箱上。
3. 依此方法，送完所有的信。

指导建议

可先让幼儿进行 1-5 的序数练习，再逐渐进行 1-9 的序数练习。

数 学 区 · 中班

9. 排排队

·林 琼

活动目标

能根据方向图标进行 10 以内排序，理解顺、逆向数序的意义。

活动准备

水果及动物小图卡 2 套（背面贴有小磁块），操作底图（与小图卡配套并标有数字）。

操作要点

1. 观察操作底图上图卡标注的数字（排列无规律），注意其数序。
2. 根据箭号图标指示的方向及小图卡标注的数字，将托盘里相同图案的小图卡按顺序摆放在底图对应的位置。
3. 操作结束后，将小图卡放回小托盘。

指导建议

1. 允许幼儿将排序结果保留、展示，以便教师检查指导，同伴交流学习。
2. 若幼儿未结束操作也可保留，待下次活动再继续完成。

10. 碟片花开

·郑景云

活动目标

按照 1-10 的数序进行正向、逆向排列，了解序数的意义。

活动准备

在数学区的墙面上布置碟片花底图，贴有 1-10 个动物图案的废旧碟片，工字钉。

操作要点

1. 从盒子中取出碟片，数数碟片上动物图案的数量。
2. 将碟片根据其上面动物图案数量有顺序地排列。
3. 根据碟片上动物图案的数量，按 1-10 或 10-1 的顺序将碟片钉在底花中间。

指导建议

也可任意取一碟片钉在任一花朵上，然后再找出其前后的碟片，练习相邻数。

11. 小树排队

·林 琼

活动目标

学习按特定规律进行排序。

活动准备

颜色、大小不同的小树（用软泡、牙签自制），不同排列规律的树图卡，泡沫垫。

操作要点

1. 选择一张自己喜欢的树图卡，观察图案排列的规律。
2. 按照图卡上树的排列规律，将小树从左至右插在泡沫垫上进行排序。
3. 以此方法将小树排成各种有规律的序列。

指导建议

1. 观察并引导幼儿选择适宜自身发展水平的图卡进行排序。
2. 鼓励能力强的幼儿自己设计图案排列规律，进行小树排序。

12. 插鱼鳞

·郑景云

活动目标

感知 1-10 数的相邻关系，发展数概念。

活动准备

写有 1-10 数字的鱼鳞，贴有数字鳞片的鱼造型若干，小碗。

操作要点

1. 将小碗中的鱼鳞一一摆出。

2. 观察鱼身上的数字鳞片，找出该数的前后两个相邻数字鳞片插入鱼身。

3. 依此方法完成其他相邻数的操作。

指导建议

根据幼儿发展水平，也可从前往后按顺序插鱼鳞练习排序。

数学区·中班

13. 数字邻居

· 马嘉曦

活动目标

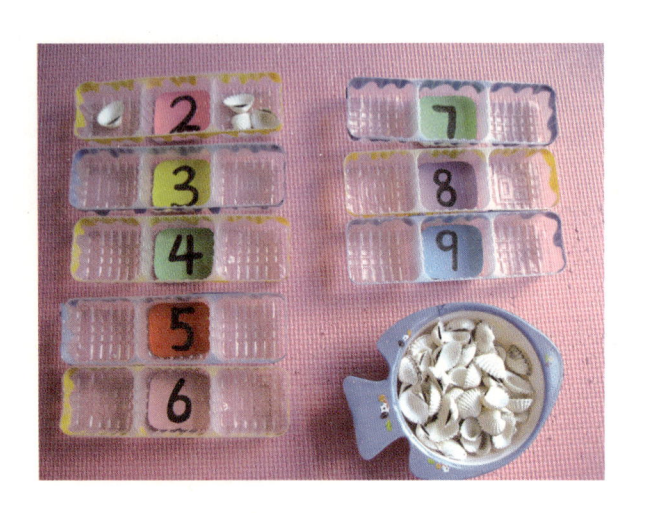

感知10以内的相邻数。

活动准备

小贝壳若干，2-9数字卡片，盒子。

操作要点

1. 选择一张数字卡片，认读卡片上的数字。
2. 将数字卡片放在盒子中间。
3. 根据卡片上的数字说出它的两个相邻数，并取相应数量的小贝壳放入该数字卡片的左右格子中。
4. 依同样方法给其他数字找相邻数。

指导建议

可将贝壳更换成小糖果等操作材料。

14. 小熊扣扣子

·宁杨静

活动目标

巩固 10 以内数的分解组成，提高手眼协调能力。

活动准备

小熊底板 1 个（有螺丝、字卡），彩色牛筋 9 根，小碗 1 个。

操作要点

1. 依次在右边的数字中寻找与左边数字相加等于 10 的数字。

2. 用牛筋将左右两边相加等于 10 的两数连接起来。

3. 操作结束，将牛筋放回小碗内。

指导建议

可根据需要更换小熊蝴蝶结上的数字（即相加所得的数）。

数学区·中班

15. 扑克排队

· 郑景云

操作要点

1. 从盒子中取出扑克牌。
2. 将扑克牌按托盘分类格中的色彩、形状要求进行分类。
3. 将相同花色的扑克牌，按1-6的顺序，摆放在相应的分类格子中。

活动目标

能按照扑克的不同花色与数字进行分类排序。

指导建议

1. 下一个幼儿操作前应先将扑克牌的顺序打乱。
2. 根据幼儿的能力逐步增加扑克牌的数量。
3. 可多个幼儿合作进行比赛，手上的牌先排放好的为赢家。

活动准备

四种花色的1-6扑克牌共24张，贴有四种花色的分类格的托盘1个，盒子。

数学区 · 中班

16. 拼摆方块

·宁杨静

活动目标

学会根据图示对应摆放。

活动准备

彩色方块12个，底图3张，篮子1个。

操作要点

1. 从托盘中取出其中一张底图，从上往下观察图中方块红色三角形的方向。
2. 根据图示，从篮子中依次取出方块，将其调整至与底图方向一致并重叠摆放。
3. 按此方法取出托盘里的其他底图进行操作练习。

指导建议

可根据幼儿的操作情况更换不同图案组合的底图。

17. 找相同

·徐秀美

活动目标

能细致观察，找出相同的图片进行对应摆放。

活动准备

底图，小动物图片等。

操作要点

1. 观察底图中的图案，说出它们的名称。

2. 按照从左到右的顺序，找出与底图近似的图案，摆放在底图下方。

3. 逐一观察多张对应图片，发现其细微不同之处，找出与底图完全相同的图片摆放在一起。

指导建议

可根据幼儿的能力增减相类似图案的张数。

18. 图形找家

· 林 琼

活动目标

1. 巩固对几何图形的认识。
2. 学习根据颜色、形状进行层级分类。

活动准备

在废旧黑板上自制分类图，颜色、形状、大小不同的圆形、三角形、正方形卡片等（背面粘有小磁块）。

操作要点

1. 观察并辨认不同颜色、形状、大小的图形。
2. 按照三种颜色标识将图形分类摆放到三个相应的格子里，完成第一层级分类。
3. 接着按照三种形状标识将上述分类好的图形分别摆放在相应的格子里，完成第二层级分类。
4. 活动结束后，将图形取下，随意摆放在最初的位置。

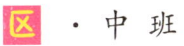

指导建议

1. 可增加按大小不同进行第三层级分类。

2. 根据幼儿的发展情况，可逐步增加图形的形状、颜色、大小差异。

3. 允许幼儿将分类结果保留、展示，以便教师检查指导，同伴交流学习。

4. 允许操作未结束的幼儿保留，待下次活动再继续完成。

19. 购 物

· 苏 静

活动目标

初步感知商品买卖关系，体验与同伴间友好合作的乐趣。

活动准备

商品小图卡，商品价格图，钱（写有金额的圆片）。

操作要点

1. 同伴协商，一方为买方，另一方为卖方。
2. 买方说出要买的商品，卖方报出商品售价。
3. 买方支付相应金额的钱，卖方将商品售出。
4. 钱用完后，双方可交换角色重新开始操作。

指导建议

1. 到大班幼儿认识人民币后，可用玩具钱币当钱，进一步加深对人民币及其面值的认知。
2. 到大班幼儿学习加减运算后，操作时可引导买卖双方运用加减运算的方法取钱或找钱。

20. 翻翻棋

·苏 静

活动目标

练习配对，体验与同伴友好合作的乐趣。

活动准备

贴有两排小动物图案的棋盘，与棋盘图案相同的瓶盖棋子。

操作要点

1. 幼儿同伴对面而坐，棋盘两边的图案即为各自需配对的图案。
2. 将瓶盖棋子（背面朝上）一一摆放在棋盘上。
3. 双方轮流翻开任意一个棋子，观察是否与己方的图案配对，如是就放在配对图案上，如不是则放回原处。
4. 比一比，哪一方最先完成配对即为胜。

指导建议

1. 可引导幼儿以"锤子剪刀布"的方式决定翻棋先后。
2. 鼓励幼儿自创不同的玩法。

1. 藏猫猫

大班

· 何圣予

活动目标

尝试以参照物为中心，辨认物体左右的空间位置关系。

活动准备

图文并茂的藏猫猫提示图，与提示图相应的操作墙面，动物图卡若干。

操作要点

1. 将小动物图卡一一排列在面前。
2. 观察藏猫猫提示图，理解提示图上关于小动物方位的描述，如，小蛇在梨花树的右边。
3. 寻找操作墙面上梨花树的位置，把小蛇夹（或粘贴）到梨花树的右边。
4. 对照藏猫猫提示图，说一说小动物们所处的方位进行自检。

数学区 · 大班

指导建议

1. 先引导幼儿认识文字"左"、"右"。

2. 藏猫猫提示图有两张,体现两个层次。第一层次:以树为参照物辨认小动物的左右方位,如,小蛇在梨花树的右边;第二层次:以刚固定好位置的小动物为参照物再次找其他动物的位置,如,狮子在小蛇的左边。

2. 大树屋游戏

·宋菲燕

活动目标

1. 理解箭号表示的意义，感知上下左右方位。
2. 尝试用完整的语言表述物体的方位。

活动准备

大树屋一座，动物图卡若干，记录表。

操作要点

1. 把动物图片随意摆放在大树屋的房间上。
2. 选择一只小动物，根据其所在位置，按记录表上的箭号提示，判断其方位（第几层、第几间），并在相应的表格里填写序号，表示动物的位置。
3. 根据记录说说动物的位置，如：小兔从上往下数住在第3层，从下往上数住在第1层，从左往右数住在第1间，从右往左数住在第4间。

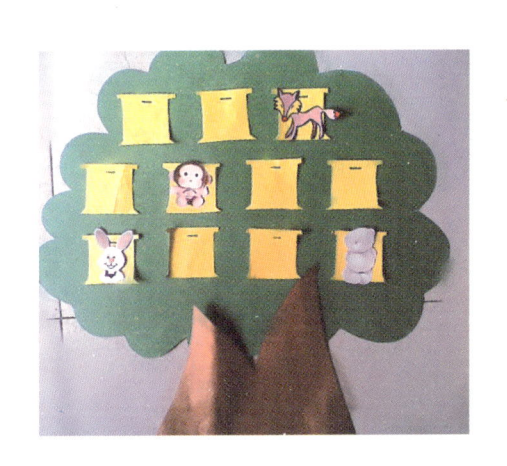

指导建议

1. 引导幼儿理解符号（→←↑↓）分别代表"从左到右"、"从右到左"、"由下往上"、"由上往下"。

2. 教师也可在记录表上用序号标注小动物的位置，幼儿根据序号，将动物图片放在楼房正确的位置。

3. 珠串宝盒

·何圣予

活动目标

学习运用5个5个群数的方法数数，体验与同伴合作的乐趣。

活动准备

由5个珠子串成一串的珠串若干，5、10、15……50的数字折叠卡及散卡，小篮子，小盒子，小袋子等。

操作要点

1. 与同伴面对面坐好，将5-50的数字折叠卡展开放在两人中间。
2. 从小袋子里摸一张数字散卡。
3. 根据数字折叠卡提示，一边5个5个群数，一边从篮子里取出珠串放进自己的宝盒中。
4. 与同伴轮流进行，最后谁的宝盒里珠串多获胜。

指导建议

5-50的数字折叠卡能帮助幼儿进一步感知5个5个群数的规律，同时方便幼儿进行自检。

4. 数字与珠串

·黄　铮

活动目标

初步理解数字10-19的意义。

活动准备

写有9个10的数字底板，1-9的数字板，自制10个珠子一串的珠串若干，散珠若干，盒子等。

操作要点

1. 将数字板1插入底板上的第一个10，使其成为11。
2. 从盒子里取出1个珠串和1个珠子，摆在数字底板的11旁。
3. 用手指着数字底板、珠串及珠子说："这是11，11里面有1个10和1个1。"
4. 同上步骤依次操作12-19。

5. 操作结束后，将珠串、珠子和数字底板分别放回盒子、托盘中。

指导建议

1. 教师在操作前应利用珠串，引导幼儿理解"10 里面有 10 个 1，1 个珠串代表 1 个 10"。

2. 为便于操作，可自制有 10 个孔的软泡垫摆放散珠，以免珠子四处滚动。

5. 分一分，记一记

• 何圣予

活动目标

观察、判断事物的不同特征，进行10以内数的组成分解。

活动准备

蝴蝶、裙子、帽子等小图卡，磁性板，磁性数字等。

操作要点

1. 摆放一组蝴蝶小卡片，确认总数。
2. 观察蝴蝶的不同特征，将其分为两类，如：红蝴蝶与黄蝴蝶，大蝴蝶与小蝴蝶，单色蝶与斑点蝶，采花蝶与不采花蝶等。
3. 分别数出两类蝴蝶的数量，在磁性板上用磁性数字记录下分解的结果。
4. 其他的小图卡操作同蝴蝶卡。

指导建议

1. 教师在指导幼儿操作时，重点应引导幼儿仔细观察每组图卡的不同特征。
2. 可引导幼儿记录分解的一个结果，运用互换规律得出另一个结果。

6. 占棋盘

·宁杨静

活动目标

巩固 10 以内数的加减运算，锻炼思维的敏捷性。

活动准备

贴有圆点的棋盘 1 个，两种颜色的棋子各 15 个，装棋小杯 2 个，骰子 1 个（六面的数字都是 5 以内的数）。

操作要点

1. 两名幼儿商量进行加法或减法的游戏，一人取一个装有棋子的小杯。
2. 两名幼儿轮流掷骰子。
3. 将两人轮流掷的骰子上的数字相加（或相减）说出得数。
4. 先说出得数的幼儿即赢一次，将棋子摆在棋盘的圆点上。
5. 游戏持续进行，看谁的棋子占的圆点多，谁就为获胜的一方。
6. 操作结束，将棋子放回小杯。

指导建议

1. 引导能力相当的幼儿合作游戏。
2. 可根据教学进度和幼儿的实际水平，逐步提高骰子上的数字。
3. 引导幼儿先练习加法后再练习减法。

7. 美丽的花园

·祖桂枝

活动目标

1. 巩固8以内数的组成分解。
2. 学习自我检验的方法。

活动准备

2-8数字花，贴有圆点的叶子。

操作要点

1. 将花、叶子散放。
2. 取一片叶子放在花茎的一边。
3. 根据花朵上的数字，找到另一片叶子，使两片叶子上的圆点总数与花朵上的数字一致。

指导建议

可在花朵背面标上与数字相符的圆点数量，引导幼儿通过数圆点的方式进行自我检验、纠错。

8. 点蜡烛

·吴端萍

活动目标

巩固10以内数的组成分解。

活动准备

自制大蛋糕，两种颜色的蜡烛各10根，2-10数字卡。

操作要点

1. 将蛋糕、蜡烛、数字卡一一取出，合理摆放。
2. 选择一个数字插在蛋糕上。
3. 根据数字插入两色蜡烛，使蜡烛的总数与数字相符，并分别记录两色蜡烛的数量。
4. 数字不变，改变两色蜡烛的数量，使总数仍与蛋糕上的数字相符，并记录结果。
5. 更换数字，以同样的方式进行操作。

指导建议

1. 以"过生日点蜡烛"的形式，激发幼儿的操作兴趣。
2. 引导幼儿探索在总数不变的情况下，两色蜡烛的数量有哪几种变化。

数学区 · 大班

9. 七彩花

·陈 莹

活动目标

巩固10以内数的加减运算。

活动准备

圆形花芯（贴有数字），桃形花瓣（贴有算式题），两个托盘。

操作要点

1. 取花瓣计算其加减算式，得出数字。
2. 找相应答案的花芯配对。
3. 操作结束，将花芯和花瓣分别放在托盘中。

指导建议

1. 可根据教学进程或幼儿发展水平，逐步投放材料。
2. 可引导幼儿两人合作选择数字，开展竞赛游戏。

10. 生日蛋糕

· 彭如玲

活动目标

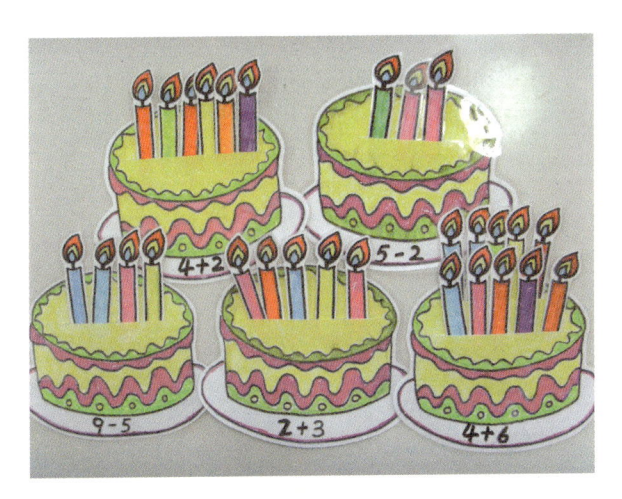

巩固 10 以内数的加减法，发展思维的灵活性。

活动准备

过塑生日蛋糕图卡 6 张（底部有算式，中部割有一条小口），蜡烛若干根，小盒子。

操作要点

1. 取出一张生日蛋糕卡，计算出蛋糕上加减算式的得数。
2. 从盒子里取出相应数量的蜡烛插在蛋糕上。
3. 依此方法逐一给其他几块生日蛋糕插上蜡烛。

指导建议

活动初期，可引导能力弱的幼儿，根据加法算式的两个数字，分别插上两种颜色的蜡烛，然后再计算总数，使运算方法更直观。

11. 打电话

·祖桂枝

活动目标

巩固10以内的加减法。

活动准备

电话算式操作板（背面写上完整的电话号码），电话记录表。

操作要点

1. 观察电话算式操作板和记录表。
2. 完成操作板中的每一道算式题，并将答案按顺序填写在记录表上。
3. 检验记录的答案与背面的电话号码是否一致。

指导建议

鼓励幼儿与同伴合作操作，增强活动趣味性。

12. 小花找家

·吴端萍

活动目标

巩固10以内的加减法。

活动准备

自制花盆若干（标有表示得数的数字），小花（正面贴有10以内算式，背面贴有答案），小盒子。

操作要点

1. 将花盆取出，合理摆放。
2. 观察小花上的算式并算出得数。
3. 将小花摆放在标有与得数相同数字的花盆上。
4. 查看小花背面的答案进行自我检验。
5. 依照同样的方法完成其他花盆操作活动。

指导建议

鼓励幼儿与同伴合作完成，增强操作趣味性。

数学区·大班

13. 算式插卡

·马嘉曦

活动目标

1. 掌握 10 以内的加减法。
2. 学习记录算式及得数。

活动准备

贴有数字和小点的数卡若干，加、减法插板各一，笔，记录表。

指导建议

1. 取出加法算式插板或减法算式插板。
2. 将三张数卡分别插入插板，上下移动卡片，使算式成立。
3. 在加法或减法记录表中填写相应的算式。

操作要点

操作前可引导幼儿尝试插板的使用及记录方式。

数学区 · 大班

美工区

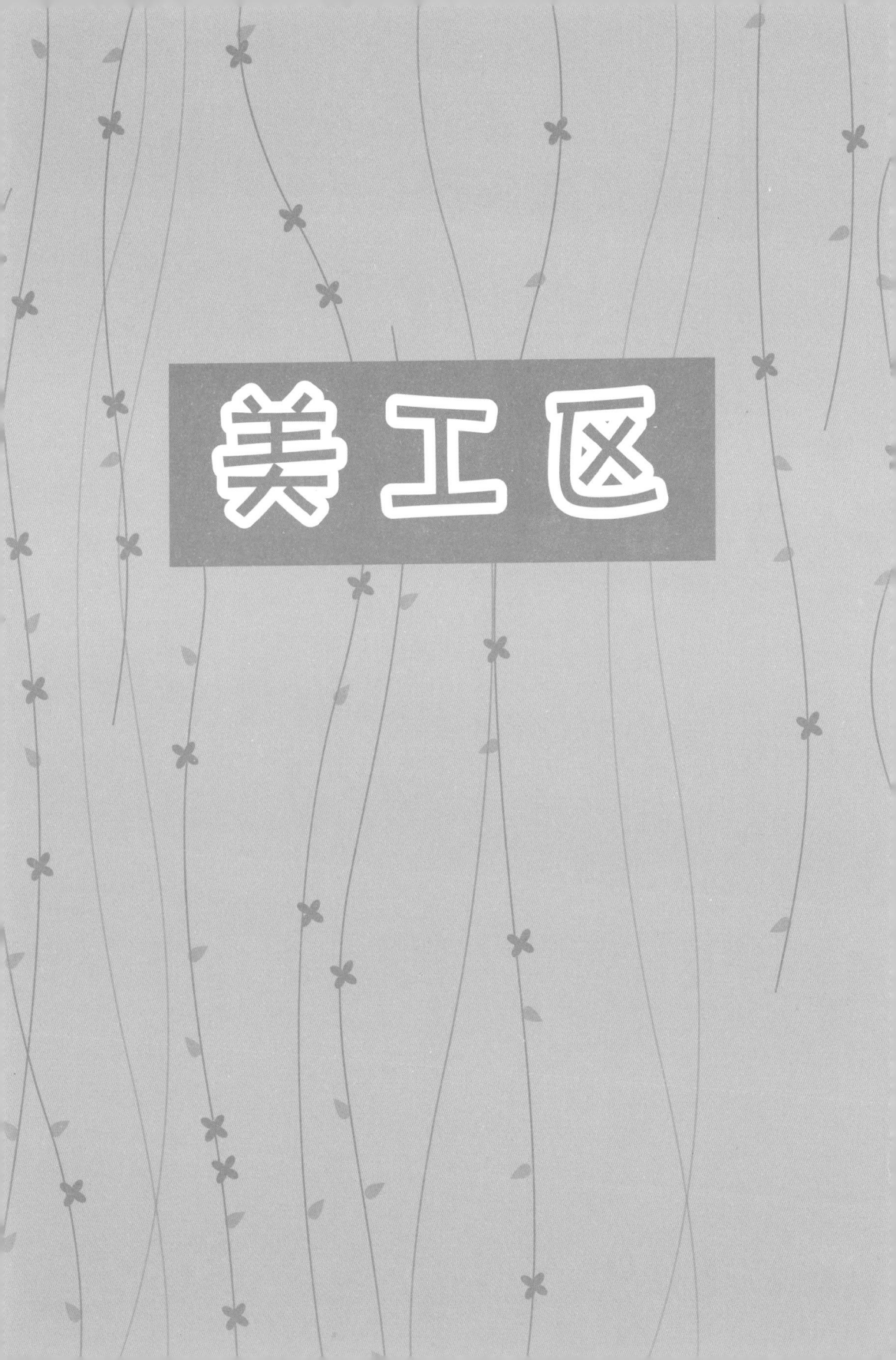

1. 桃花朵朵开

小班

·陈 莹

活动目标

练习揉、团、捏的动作，体验美术创作的快乐。

活动准备

橡皮泥，小花瓶，长短不一的小树枝，泥工板，托盘。

操作要点

1. 取一小团彩泥，在泥工板上揉、捏成花状。
2. 将泥团粘在树枝上。
3. 依以上方法，让做好的小花和绿叶开满树枝。
4. 清理剩余材料。
5. 欣赏自己的作品，并摆放到展示台上。

指导建议

1. 根据幼儿能力差异，可引导幼儿塑造出不同形状的花朵。
2. 可选用废旧瓶子，由幼儿用彩绘及皱纹纸条等材料进行装饰。

2. 滚珠画

·吴端萍

活动目标

1. 能操作滚珠画材料，体验滚珠作画的乐趣。
2. 感受色彩变化带来的美感，发展审美能力。

活动准备

纸盒一个，与纸盒底部大小相同的白纸，装有红、黄、蓝、绿颜料及玻璃珠的容器一个，小勺四把。

操作要点

1. 取一张白纸放入纸盒底部。
2. 用小勺舀起一个玻璃珠放入纸盒内，再将小勺放回原处。
3. 轻轻晃动纸盒，使小珠滚动，同时观察纸上留下的彩色图案。
4. 依照同样的方法，尝试更换不同的颜色小珠作画。

指导建议

1. 提醒幼儿不同颜色的小勺和玻璃珠要对应归位。
2. 作品晾干后可在美术区展示。

3. 撕一撕，剪一剪

· 马嘉曦

活动目标

练习撕、剪、贴动作，提高动手操作能力。

活动准备

蝴蝶、蜻蜓底图，各色彩纸，广告纸，剪刀，固体胶等。

操作要点

1. 将彩纸撕成块状或条状。
2. 在彩纸上涂抹固体胶，粘贴在蝴蝶上。
3. 用剪刀将广告纸剪成块状。
4. 在广告纸上涂抹固体胶，粘贴在蜻蜓上。

指导建议

1. 可拓展活动内容，如将彩纸揉成小团粘贴在蝴蝶、蜻蜓上；投放颜料，在蝴蝶、蜻蜓上进行印章装饰等。
2. 彩纸的大小应适合小班幼儿进行撕、剪、粘等操作。

美工区 · 小班

4. 蝴蝶花

·陈 莹

活动目标

练习折、扭等小肌肉动作。

活动准备

1. 各种颜色的糖果包装纸，银线（剪成段），双面胶，小托盘。
2. 用小花盆底图（用彩色包装袋、图书封面等剪贴）布置成小花圃。

操作要点

1. 选择一张糖果纸。
2. 将糖果纸从一端一上一下地往另一端折成扇子形。
3. 取一根银线在糖果纸的中间部分缠绕两圈，留出线头两端。
4. 将线头扭紧，再将两根线头弯成蝴蝶的触须状。
5. 轻轻打开糖果纸，调整造型。
6. 将作品粘在小花圃中。
7. 整理剩余材料。

指导建议

1. 可启发幼儿注意整体画面的布局，选择合适的位置粘贴作品。
2. 中班幼儿可用剪刀剪出蝴蝶不同的外形。

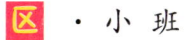

1. 制作狮子头

中班

·郑景云

活动目标

练习撕、粘贴，锻炼手指小肌肉动作。

活动准备

在月饼盒上粘贴狮子头，剪成10公分长的缎带若干，双面胶。

操作要点

1. 折一小段双面胶粘贴在缎带的一端。
2. 将缎带粘贴在月饼盒的四周。
3. 将缎带撕成细条，即成狮子头上的卷毛。

指导建议

照此方法可制作其他动物的头。

2. 郁金香

·陈 莹

活动目标

锻炼幼儿动手操作能力，对美工活动感兴趣。

活动准备

1. 染过色的水果网袋，蜡光纸，吸管，糨糊，银线。
2. 自制泡沫展示台。

操作要点

1. 将蜡光纸条剪成齿状，围粘在吸管上做成花芯。
2. 选择不同颜色的水果网袋套在花芯外，用银线绑紧。
3. 用蜡光纸剪成叶子，粘在吸管下端。
4. 清理剪下的碎纸片。
5. 将作品插到展示台上。

指导建议

1. 可将操作步骤制成图片，引导幼儿观察操作程序。
2. 可启发幼儿把网袋剪成不同形状，创作出不同造型的花卉作品。

1. 装饰相框

大班

·郑景云

活动目标

1. 练习使用剪刀，发展小肌肉动作。
2. 能有规律地粘贴图案并进行装饰。

活动准备

用卡纸制作相框，彩色软泡碎片，铅笔，胶棒。

操作要点

1. 幼儿选择喜欢的相框底板。
2. 用铅笔在彩色软泡上画自己感兴趣的图案，将画好的图案剪下，粘贴在相框上。
3. 引导幼儿按照大小、颜色或图案的不同有规律地粘贴、装饰。
4. 装饰好相框，嵌入一张相片，作品即告完成。

指导建议

可引导幼儿与同伴之间互相欣赏，交流分享照片的内容。

2. 怪兽脸谱

·吴端萍

活动目标

能运用多种方法装饰怪兽脸谱，提高想象能力。

活动准备

纸盘若干，颜料，蜡光纸，水彩笔，剪刀。

操作要点

1. 在纸盘上画出怪兽的眼睛、鼻子、嘴巴等部位。
2. 沿着轮廓将怪兽的眼睛、鼻子、嘴巴等部位镂空剪下。
3. 用自己喜欢的方法装饰怪兽脸谱。

指导建议

1. 可提供多样的装饰材料供幼儿选择。
2. 帮助幼儿在脸谱上固定松紧带，用于游戏、表演等活动。

3. 漂亮的凤冠

· 黄　铮

活动目标

1. 能运用各种装饰品，大胆设计、装饰京剧女演员的凤冠。
2. 熟练使用镊子，增强手眼协调能力。

活动准备

京剧女演员图，自制凤冠底板，各种珠子、亮片等装饰品，镊子，小盒子等。

操作要点

1. 将自制凤冠底板摆放在京剧女演员图的头部发际处。
2. 用镊子小心地将珠子、亮片等饰品摆放在凤冠上进行装饰。
3. 欣赏装饰后的京剧女演员。

4. 用镊子将珠子、亮片等装饰品分类放回盒子。

指导建议

1. 提醒幼儿将珠子摆放在凤冠上的打孔处，以免滚动、丢失。
2. 重点引导幼儿根据装饰品的材质、颜色、形状等进行有规律装饰，还可用重叠摆放的方式装饰。
3. 可将幼儿装饰的各式漂亮凤冠拍照，引导幼儿欣赏。

4. 手指百合

·彭如玲

操作要点

1. 一只手张开五指放在纸上,另一只手用彩笔沿五指的轮廓画出手的形状。
2. 涂上自己喜欢的图案和颜色,并用剪刀将手模按轮廓线剪下。
3. 拿一根吸管,将剪下的手模下端绕着吸管用透明胶粘牢,手指百合就完成了。

活动目标

综合运用描画、装饰、剪等美术技能,体验艺术制作的乐趣。

活动准备

范例一个,彩笔,油画棒,吸管,剪刀,透明胶,自制花瓶,图画纸等。

指导建议

1. 为了让手指百合更漂亮,可以用铅笔把花瓣(手指)卷一卷,并将其插到花瓶里装点、欣赏。
2. 可请幼儿装饰手模双面,这样制作出来的手指百合效果更佳。

5. 可爱的小金鱼

·吴端萍

活动目标

1. 学习综合运用扎、剪、贴、画等方法制作小金鱼。
2. 提高动手操作能力及美的感受力。

活动准备

各色塑料袋，小片报纸，细绳，电光纸，剪刀，即时贴剪出的眼睛、鼻子。

操作要点

1. 将报纸揉成纸团。
2. 将揉好的纸团放在塑料袋的中间，包住后用细绳捆扎出金鱼的身子和头。
3. 分别装饰金鱼的嘴巴、眼睛和身体。
4. 制作后将纸屑及时清理到垃圾桶中。

指导建议

1. 引导幼儿猜谜"眼睛大又圆，睡觉睁着眼，尾巴像把扇，天天水中游"，引出小金鱼，激发幼儿动手操作的兴趣。
2. 让幼儿熟悉各种操作材料的使用方法。

6. 蛋糕小书

· 黄　铮

活动准备

自制《蛋糕小书》（贴有各种蛋糕图），自制《我设计的蛋糕》小书（空白），各色水彩笔等。

操作要点

1. 翻阅《蛋糕小书》，欣赏各种蛋糕装饰图案。
2. 用水彩笔在《我设计的蛋糕》小书上设计装饰蛋糕。

活动目标

1. 喜欢并欣赏蛋糕装饰艺术。
2. 学习运用各种色彩、形状、图案等绘制蛋糕图。

指导建议

《我设计的蛋糕》小书累计到一定页数时，可请同伴欣赏自己设计的蛋糕。

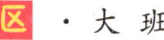

7. 运动小人

· 陈 莹

活动目标

学习拼贴、塑造平面及立体的人物运动形象。

活动准备

粗细不同的报纸条、报纸卷，剪刀，胶棒，圆形底图，运动速描示范图。

操作要点

第一阶段：
1. 仔细观察速描示范图上运动人物的动态。
2. 选择不同粗细的报纸条，剪下人体的各个部位。
3. 将剪下的纸条，在底图上进行拼摆。
4. 用胶棒固定。
5. 清理剪下的碎纸片。

美工区 · 大班

177

第二阶段：

1. 选择粗细不同的报纸卷，剪出人体的各个部位，在底图上进行拼摆。

2. 可以随意移动报纸卷，变化不同的立体动态。

3. 将自己喜欢的作品用胶棒固定在底图上。

指导建议

1. 可在主题活动开展过程中分阶段进行。

2. 可出示人物速描示范图，供幼儿参考、模仿，并引导幼儿小组合作，完成动态竞赛场景。

3. 还可提供扭扭棒等辅助材料，丰富活动内容，激发幼儿塑造的兴趣。

8. 折纸小台历

·吴端萍

活动目标

1. 学习看图示折纸。
2. 对折纸活动感兴趣，提高动手能力。

活动准备

贴有衣服、航天飞机、蝴蝶、青蛙等折纸图示的小台历，各色正方形纸若干。

操作要点

1. 翻阅台历，选择自己想折的物品。
2. 取一张自己喜欢的方形纸。
3. 根据图示中的步骤进行折纸。
4. 作品完成后将材料收放好。

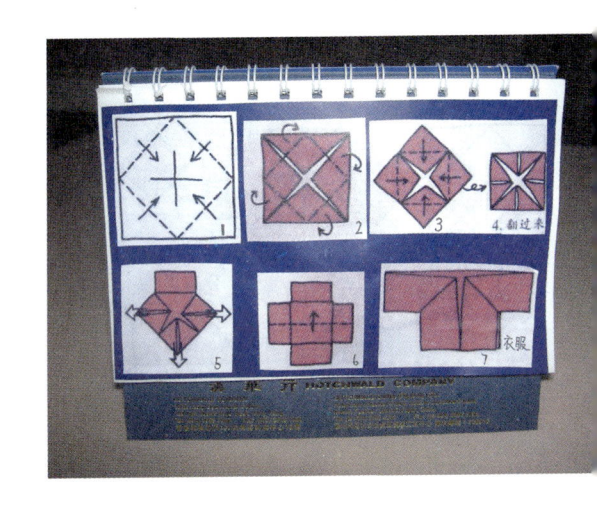

指导建议

根据幼儿的水平差异提供相应的折纸图示，提供的图示应具体，体现每一个步骤的变化，便于幼儿操作，并定期增加或更换图示内容。

美工区·大班

9. 创意无框画

·陈 莹

活动目标

练习用不同颜色的颜料进行彩绘，感受色彩、线条的变化和意境美。

活动准备

1. 水粉颜料，排笔，毛笔，泡沫底板，小毛巾，水桶，A3图画纸。
2. 收集各种彩绘图片，组织幼儿欣赏。

操作要点

1. 选用粗细不一的排笔，蘸取不同颜色的颜料，在纸张上刷出各种形状的线条、色块等图案。
2. 用毛笔勾、点出写实或抽象的图案。
3. 画面晾干后，装裱在泡沫板上制成无框画。
4. 整理绘画工具，清洁双手。

指导建议

1. 提醒幼儿蘸取的水粉颜料不要太多，在调色盘边沿刮拭后再使用。
2. 鼓励幼儿自由选择创作主题，大胆进行彩绘。
3. 将幼儿作品挂到走廊、活动室墙壁上进行展示。

美工区 · 大班

综合类

1. 多功能趣味方垫

·林 娟

主要功能和特点

多功能趣味方垫制作材料选用日常生活中随处可得的包装纸箱，其制作方法简单易行，教师裁剪、幼儿装饰，充分体现了师幼合作，有效激发了幼儿参与活动的兴趣。方垫上的魔术贴，幼儿可根据活动需要，随机组合成长条形、圆形、十字形、屏风式等不同造型，开展各种益智活动，在轻松愉快的合作、竞赛游戏中巩固数概念，提高思维敏捷性。根据操作方法难易程度，适宜在中、大班开展。

操作方法

1. 赛跑棋

两名幼儿操作，各取10块方垫组合成相等数量的两个长条作为自己的棋盘，选取1面彩旗作为自己的棋子放在起点处。和同伴商量确定本轮游戏的骰子使用方法后，各持一骰子投掷进行游戏，最快到达终点者获胜。

★比大小：比较各自投掷的骰子数字大小，数量大者将自己的彩旗前进一步。

★运算法：根据双方投掷的骰子数字进行加减运算，先正确说出得数者将自己的棋子前进一步。

2. 猜拳抢阵地

两名幼儿操作，取10-15块方垫组合成一条长路，各自站在方垫的两端起点处，并摆放上自己的阵地彩旗。与同伴商量确定本轮游戏方法，从起点处向对方方向出发，先到达对方阵地拿到彩旗者获胜。

★猜拳法：以"锤子、剪刀、布"的方法前进抢阵地，赢者前进一步。

★运算法：双方喊口令"1、2、3"后，同时单手出示手指数量，根据双方的手指数量进行加法运算，先正确说出得数者前进一步。

3. 飞行棋

四名幼儿操作，将数量相同的方垫组合成十字形，分别选取4色彩旗作为各自的棋子，摆放在起点处。轮流掷骰子，根据骰子上前进、后退、停止的标识前进一步、后退一步或原地不动，先到棋盘中心点者为第一名，随后为第二名、第三名、最后一名。

4. 铺小路

两名幼儿操作，与同伴商量确定本轮游戏方法，赢者取一块方垫铺自己的小路，待所提供的方垫都铺完，小路最长者获胜。

★比大小：比较各自投掷的骰子数字大小，数量大者取一块方垫铺路。

★运算法：根据两个骰子上的数字，先正确说出加减运算得数者取一块方垫铺路。

2. 趣味魔法纸箱

·毛一冉

主要功能和特点

趣味魔法纸箱是一种将幼儿园各领域教育有机整合的多功能活动材料，它易于收集，制作简便，玩法有趣。纸箱上透明插袋的使用，便于教师根据活动内容的不同，灵活更换袋中的图片，满足不同年龄班幼儿的操作需要。玩法多样，既可用单个纸箱进行操作，也可利用多个纸箱进行组合游戏。趣味魔法纸箱操作内容涉及各领域活动，操作方法多元而富有趣味性，不仅益于发展幼儿观察、表达、想象等能力，而且还能增进幼儿同伴间协商合作的意识，有效促进不同层次幼儿在原有水平上的发展。适合中、大班幼儿使用。

单个纸箱：表情骰子

活动准备

一个正方体纸箱，其六面分别插入六种表情图片（伤心、得意、生气、平静、害怕、高兴）。

操作方法

两至四名幼儿操作，可先观察纸箱上六种表情图片，说一说分别

代表了哪一种心情，然后轮流投掷纸箱骰子，根据朝上一面的表情图片，说一说自己相应的心情故事。

指导建议

教师可根据活动需要，更换不同图片进行编应用题、字词开花等操作活动。

两个纸箱：节奏型练习

活动准备

两个正方体纸箱，其六面分别插入各种2/4（或4/4、3/4）拍节奏型图谱卡片。

操作方法

两名幼儿各持一个纸箱骰子进行投掷，待纸箱骰子静止后，将其摆放在一起，使朝上面的两个节奏型图谱组合成新的图谱，一名幼儿拍出节奏型，另一名幼儿判断其正确与否。

指导建议

1. 教师可引导能力强与能力弱的幼儿搭档进行操作。
2. 教师可根据活动需要，更换图片进行比较多少、10以内数组成分解等操作活动。

三个纸箱：编故事

活动准备

三个正方体纸箱，其中一个纸箱插入画有不同人物（小兔、小姑娘、老师等）的图片，一个纸箱插入画有不同地点（草地、山坡、天空等）的图片，一个纸箱插入画有不同时间（白天、夜晚、夏天等）的图片。

操作方法

三名幼儿各持一个纸箱骰子进行投掷。待纸箱骰子静止后，将三个纸箱骰子按时间、地点、人物的顺序摆放成一排。一名幼儿将朝上面的图片按时间、地点、人物顺序连起来说一句完整的话，另外两名幼儿评价其讲述是否完整、正确。三名幼儿轮流进行讲述。

指导建议

教师可根据幼儿发展水平，提出不同的讲述要求，从讲述完整句过渡到讲述简短的故事。

多个纸箱：六面体拼图

活动准备

1. 九个正方体纸箱、六幅图（图大小与纸箱3×3叠放的面积相

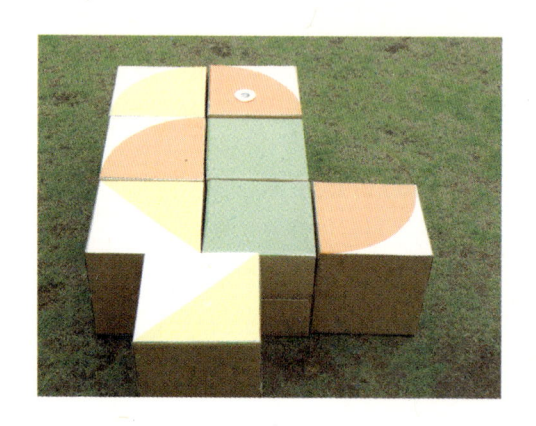

等），将每一幅图分割成九个部分，分别插入九个纸箱的插袋中，制成六面立体拼图。

2. 六幅图的完整小范图。

操作方法

自主选择一幅范图，观察并依照范图翻看九个纸箱上的图片，找出九个与范图相对应的面，摆放在适宜的位置拼成一幅完整的图。

指导建议

1. 可由一名幼儿独立操作，也可多名幼儿合作进行。

2. 可根据幼儿能力强弱，提供复杂程度不同的图片，或通过增减纸箱数量来调整拼图的难易程度。

3. 可选择森林、楼房、草地等拼图，幼儿拼完后作为表演游戏的背景。

4. 可将拼图换成各种图形进行七巧板拼图。

综 合 类

3. 妙笔生花

·郑淑杰

主要功能和特点

选择生活中常见的废旧材料（纸卷芯、饮料罐等）和自然材料（蔬菜、水果等），绘上具有浓郁中国特色的中国红和青花纹饰，制成滚筒笔、印章笔、彩绘笔等独具特色的绘画工具。教师可根据幼儿的年龄特点和美术表现能力，综合或有选择性地运用大小规格不同、绘画方式各异的笔开展美术创作活动，或将其投放到美术区供幼儿自主选择在画纸、瓷砖墙、地面等地方进行涂鸦、绘画或装饰。自制的画笔，其规格与选材新颖、多样，不同于日常购买和使用的绘画工具，能有效激发幼儿的创作兴趣和热情，促使幼儿进行富有个性的创意和想象。适合中、大班幼儿使用。

操作方法

滚：将易拉罐（罐上用麻绳捆扎出不同纹路）、海洋球（球上粘贴各种形状的海绵块）、玉米、干丝瓜瓤等材料制作成的滚筒笔蘸上颜料，在画纸或瓷砖墙上朝不同方向滚动，滚出各种各样的纹路和图案。

印：选择自制的海绵、泡沫或蔬果印章（印章的背面嵌或粘有瓶盖），将印章上的瓶盖旋到笔头的瓶口上。将印章笔蘸上颜料后，在画纸或瓷砖墙上印制出各种装饰图案。

画：将颜料注入控水笔上面的药瓶，然后通过滑动滴管按钮（医用挂瓶滴管制）控制颜料流至笔尖（海绵制）的速度及出水量，在瓷砖、地面、画纸上进行绘画。或直接用笔头（海绵制）为锯齿形、V形、水滴形的彩绘笔，蘸上颜料进行绘画。

活动计划

活动目标

1. 能大胆尝试和探索各种画笔的操作方法。
2. 能运用画笔进行富有个性的表征，体验美术创作的乐趣。

活动准备

"妙笔生花"系列绘画工具，颜料，画纸等。

指导要点

1. 引导幼儿欣赏由"妙笔生花"系列绘画工具创作的美术作品。
重点引导幼儿在欣赏的基础上，观察和猜想花朵、叶子、竹子等图案采用哪些绘画方式表现。
2. 介绍绘画工具及使用方法，激发幼儿操作兴趣。重点讲解示范滚筒笔、印章笔的制作材料、使用方法及注意事项。
3. 鼓励幼儿自主选择"妙笔生花"系列绘画工具进行美术创作。
（1）引导幼儿正确使用滚筒笔、印章笔在瓷砖墙上绘画。
（2）启发幼儿根据彩绘笔笔头的形状，在纸上大胆描绘各种花纹、图案。

(3) 提醒幼儿注意颜料不混染，不沾染到衣服、桌面上。

4. 展示幼儿作品，引导幼儿共同欣赏。

(1) 鼓励幼儿向同伴介绍自己使用的绘画工具及创作的图案。

(2) 教师重点围绕工具运用、色彩选择、图案创作等方面引导幼儿进行欣赏、评价。

活动延伸

1. 教师可不断丰富"妙笔生花"系列绘画工具，提供具有不同操作方法和绘画效果的沙画笔、喷画笔等，进一步支持幼儿大胆、富有个性地创作。

2. 在幼儿熟练掌握"妙笔生花"系列绘画工具的基础上，教师可进一步引导幼儿利用各种笔的特点和绘画效果，尝试进行小组合作创作。

4. 趣味编织架

·陈 霞

主要功能和特点

趣味编织架是一种将科学教育与艺术教育有机整合的多功能操作学具，它包含穿、编织、绣等多种操作方法，适合中、大班幼儿操作。它不仅能激发幼儿感受美、体验美、表现美、创造美的兴趣和愿望，同时也能提高幼儿的动手操作能力及想象能力。

操作方法

穿：先将牛筋的一端勾在架子上，再将吸管、花片穿入牛筋，最后把另一端固定好。可随机调整牛筋的长短，在架子上随意勾出自己喜欢的造型。

井字编织： 随意搭配泡沫彩条的颜色，将泡沫彩条按照上下交替的方式横向穿过牛筋。

环形编织： 选择网架上的一根绳子，捏住绳子末端的梭子，按上下交替的方式编织成蜘蛛网状。注意每织一小段，就要把后面的绳子轻轻抽紧。

绣： 解开架子边上的彩带，用手捏住彩带末端并穿过网格，绣出自己喜欢的图案。操作完成之后应将彩带绕回小棒固定好。

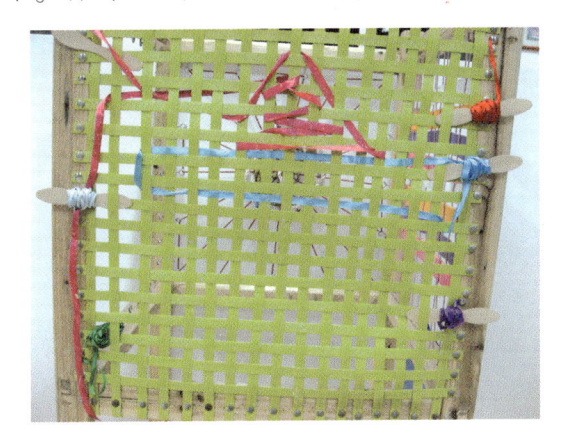

活动计划

活动目标

1. 能大胆、主动地尝试和探索穿、编织、绣等各种操作方法。
2. 能运用已有经验，创造性地开展操作活动，体验创作的乐趣。

活动准备

趣味编制架，教师及幼儿共同创作的作品，展示板等。

指导要点

1. 引导幼儿欣赏趣味编织架中教师创作的作品图案、造型，介绍操作材料，激发幼儿动手操作的愿望。
2. 鼓励幼儿自主尝试趣味编织架的操作方法。
（1）将趣味编织架投放到区域活动中，鼓励幼儿大胆、自主地进行操作尝试。
（2）教师重点观察、记录幼儿的操作情况，并与幼儿共同讨论遇到的困难和解决方法。

3. 鼓励幼儿了解、探索趣味编织架的多种操作方法。

(1) 引导幼儿运用色彩搭配、规律排序等已有经验，进行穿和井字编织。

(2) 采用小组形式，引导幼儿了解环形编织和绣的主要操作方法。

4. 开展趣味编织架作品展示活动。

(1) 展示幼儿的各种作品，引导幼儿交流："你最喜欢谁的作品？为什么？"

(2) 教师重点引导幼儿欣赏运用排序规律创作的作品。

(3) 鼓励幼儿向同伴介绍自己的作品及操作方法，激发幼儿创作出更多、更美作品的愿望。

活动延伸

1. 将趣味编织架投放到平行班中，鼓励幼儿担任小老师，指导平行班的小朋友进行操作，进一步激发幼儿动手操作及创作的热情。

2. 教师根据幼儿的操作情况，不断调整、丰富趣味编织架的材料，如适宜穿过牛筋的珠子，色彩更加丰富的吸管或花片，将井字编织中的泡沫条换成柔软的布条等。

3. 鼓励幼儿与爸爸妈妈一起动手制作排序卡和设计图，按排序规律及设计图案进行操作，并大胆探索创作富有创意的作品。

图书在版编目（CIP）数据

幼儿园区角操作活动150例/福建儿童发展职业学院附属幼儿园编．—福州：福建教育出版社，2012.3（2021.8重印）
ISBN 978-7-5334-5661-0

Ⅰ.①幼… Ⅱ.①福… Ⅲ.①活动课程－学前教育－教学参考资料 Ⅳ.①G613

中国版本图书馆CIP数据核字（2011）第243750号

You'eryuan Qujiao Caozuo Huodong 150 Li

幼儿园区角操作活动150例
福建儿童发展职业学院附属幼儿园　编

出版发行	福建教育出版社
	（福州市梦山路27号　邮编：350025　网址：www.fep.com.cn）
	编辑部电话：0591-83726908
	发行部电话：0591-83721876　87115073　010-62027445）
出 版 人	江金辉
印　　刷	福建新华联合印务集团有限公司
	（福州市晋安区后屿路6号　邮编：350014）
开　　本	710毫米×1000毫米　1/16
印　　张	13
版　　次	2012年3月第1版　2021年8月第13次印刷
书　　号	ISBN 978-7-5334-5661-0
定　　价	39.00元

如发现本书印装质量问题，请向本社出版科（电话：0591-83726019）调换。